上水虎地坳風物志

主編

劉健宇

編輯

馬鈺詞、麥浚樂、黎鈞豪、黃家裕

本創人文 09

上水虎地坳風物志

主　　編：劉健宇
編　　輯：馬鈺詞、麥浚樂、黎鈞豪、黃家裕
責任編輯：黎漢傑
封面設計：Gin
內文排版：陳先英
法律顧問：陳煦堂 律師

出　　版：初文出版社有限公司
　　　　　電郵：manuscriptpublish@gmail.com

印　　刷：陽光印刷製本廠

發　　行：香港聯合書刊物流有限公司
　　　　　香港新界荃灣德士古道220-248號
　　　　　荃灣工業中心16樓
　　　　　電話：(852) 2150-2100　傳真：(852) 2407-3062

海外總經銷：貿騰發賣股份有限公司
　　　　　電話：886-2-82275988　傳真：886-2-82275989
　　　　　網址：www.namode.com

版　　次：2023年9月初版
國際書號：978-988-70074-4-9
定　　價：港幣78元 新臺幣280元

Published and printed in Hong Kong
香港印刷及出版
版權所有，翻版必究

編輯團隊

主編：劉健宇

香港教育大學中史教育榮譽學士，現正於香港大學攻讀中國
歷史研究文科碩士課程（2022-2024）。現為香港史學後進
協會秘書長，本科期間已發表多篇論文於馬來西亞及香港的
學術期刊，參與項目包括《香港地方志・教育卷》、《中西區
風物志》。

編輯：馬鈺詞

香港浸會大學歷史學榮譽文學士一級榮譽畢業，現職香港史
學會研究助理，曾任香港歷史文化研究會幹事。研究興趣為
香港歷史及文化，曾負責多項香港歷史研究項目及文化推廣
活動，著有《香港鍾氏源流調查報告》、《七姊妹地區文獻資
料集》、《香港抗日小鬼訪談錄》等。

編輯：麥浚樂

香港浸會大學新媒體及影視創意寫作榮譽文學士畢業生。曾
任職香港歷史文化研究會副幹事長，負責多項香港電台廣播
節目《喜閱香港：客家・客情》，《喜閱香港 2：香港宗教萬
花筒》。這次上水虎地坳村文集，幸運自己的付出，得到伙
伴的堅持，能結集成書，在歷史的洪流裡留下一點點足印。

編輯：黎鈞豪

香港浸會大學歷史學榮譽文學士，研究興趣為香港史、海外華人史，曾於學術研討會發表論文，餘暇喜愛遊走香港各處，用照片和文字記錄各區的歷史與文化。

編輯：黃家裕

香港教育大學中史教育榮譽學士，現為中學教師，亦為香港史學後進協會理事。

蘇西智序 3

在 2018 年虎地坳村孟蘭節的盆菜宴中，廖主席對我說要出版一本講述和介紹虎地坳村的書刊，我即表示十分贊同並全力支持。因為，虎地坳雖然是一條成立大約六七十年的非原居民村，不似原居民村如上水鄉有數百年的歷史，但虎地坳村及上水鄉的對比，卻有著兩者存在不同的價值，見證新界的發展和非原居民的貢獻。

虎地坳村處於虎地坳山腳梧桐河的下游，往深圳河出水口，附近土地肥沃，水源充足，由上水鄉至虎地坳盡是良田。1950 年代村民都以種植水稻為業，禾稻成熟時，田上一片金黃，風吹禾動，景色美不勝收，清澈的河水亦是村民的浴場，成人小孩都喜歡在河裡游水、釣魚、摸蚌。

由於 1960 年代許多年輕原居民都遠赴外國謀生（俗稱「洗大餅」），令到農田荒廢。而於 1960 年代末，國內有很多居民都跑到香港謀生，最先抵達到的地方便是臨近深圳河附近，新來港人士很多就地紮根，虎地坳便其中之一。其中以潮籍人士居多，他們租用了原居民的土地，以務農為生，有種菜、養雞、養豬、養魚，各適其適。從此，虎地坳便形成一個新的社區，居民都各司其職，勤儉工作，日出而作，日入而息，家家戶戶，互相守望，安居樂業，建設地區，今天已進入第四代了。

虎地坳村雖然是一條非原居民村，村內有很多值得參觀

的地方，如七彩古井，主席保育養護的淡水蚌、KCR 紅磚、團結村民的呂祖仙師廟等。

　　因篇幅有限，未能盡述，祈望值此機會分享土地坳村的發展歷程，讓大家認識非原居民村對香港作出的貢獻。

前北區區議會主席

蘇西智

2023 年 3 月

上水虎地㘭居民福利會序

　　上水虎地㘭是位處新界東北甚少人知悉的非原居民村落，戰後五十年代初至六十年代初組成前期以潮汕籍貫人士居多，大都是以務農、飼養禽畜及漁業維生。迄今大都有四、五代人在這裡長大，每戶關係密切、互敬互助，生活雖然清貧，但孩子們都是樂觀開心地與大自然生景一同成長，再加上田園美麗風光，街坊鄰里笑容親切，歡天喜地！

　　虎地㘭村雖然是寮屋村落，但卻有不少歷史、文化、古蹟值得公眾一同探索欣賞，如：日佔時期「六間遺痕」的故事、山崗上昔日戰壕、九廣鐵路工廠遺址（可覓得羅湖磚廠的 KCR 磚）及紅磚拱橋、石陂頭碑誌、七彩古井、被評為二級歷史建築的文明廟、空中之樹、呂祖廟、花海魚塘及高腳屋等等。

　　在八十年代初原本處於邊境內的虎地㘭因禁區開放後政府在周邊建設了上水屠房、污水處理廠、東江水濾水廠、高壓電塔及梧桐河道整治，令部分村民遷出，但一到節慶如土地誕、呂祖誕、盂蘭勝會等，他們一定會回村一同參加節日慶典歡聚問好，回顧昔日時光！

　　村民在 2014 年自發舉行導賞團介紹本村歷史文化古蹟、大自然生態及復育方向，有幸與中文大學邱博士結緣，邀請帶同學生入村導賞及歷史考察，幾經波折終於考證成書，萬分感謝！及後 2021 由路德會麥主任率領團隊（謙哥、

6

富哥、可宜）成功申請到七彩古井復育計劃，設立了虎地坳故事館，並舉辦了鄉村市集，召集義工團隊，優化導賞項目，令公眾更加認識虎地坳村。

　　虎地坳居民福利會全人感謝各位！

虎地坳居民福利會

2023 年 3 月

虎地坳・序

　　2016 年 9 月，香港中文大學專業進修學院開辦第一屆應用歷史高級文憑課程。此前，因為邱逸兄尚未到職，我參與了不少課程的籌備工作，所以對它份外有感情。本書作者劉健宇、馬鈺詞、黃家裕、麥浚樂、黎鈞豪諸君都是應用歷史高級文憑課程的首屆學生，後來更升讀了本地知名大學，絕對是敝學院之光。因此，當劉君囑咐我撰寫本書序言時，我二話不説，隨即答允。

　　本書的主要研究對象是虎地坳村。虎地坳村是一條位於上水的非原居民寮屋村落，由於背靠虎地坳山，因而命名。虎地坳村擁有豐富的自然生態資源，又蘊藏各式各樣的歷史文化材料，是一個值得深入研究的地方。香港中文大學專業進修學院所以與虎地坳結緣，實賴《香港商報》鄭玉君女士「穿針引線」之德。當日，鄭女士打電話給我，告知有關虎地坳村之事，我覺得十分值得修讀歷史的學生認識。因此，我冒昧請鄭女士安排，並請時任應用歷史高級文憑課程學術統籌的邱兄玉成其事。在邱兄帶領和指導下，同學們終於完成了一份詳細的虎地坳專題報告。

　　時光荏苒，六年後的今天，聽到劉健宇諸君想就當日專題報告結集成書，我當然支持。在此，謹願諸君學業有成、前程萬里。

香港教育大學課程與教學學系
高級講師

葉德平博士　謹識
2022 年 8 月 19 日

砥礪奮進史　虎地坳傳奇

　　2018 年初，我們獲得上水虎地坳廖主席之邀，推行了一次大專學界破天荒的口述史考察，虎地坳村在短短一天之內，接待了我們近三十名學生，分組進行了多場歷時達五小時的口述歷史訪問。在往後的日子，廖主席和學生們一直對這經歷念念不忘，希望把它從作業報告化身成書籍，以益後世。

　　在虎地坳村的支持下，我們多次下村調查、訪問、補充文獻，在經歷多翻曲折後，這本書終於順利面世。

　　於我而言，這過程既有趣又難以抗拒，它包含了一個歷史研究者和愛好者念茲在茲的兩件事：歷史研究和文化教育。歷史，可以是一段深奧玄妙的過去，也可以是一首通俗易懂的山歌，它包羅萬象，海納百川。歷史，可以書寫大人物驚天動地的壯舉，也可以記錄村落星星點點的作為。在歷史的長河中，既流淌著偉大，也浮淺著平凡。

　　可以説，虎地坳村落既有歷史的厚重，它和香港現代史休戚與共，風雨同路；也有故事的趣味，古今對照，滄海桑田。

　　從虎地坳的研究中，我們見微知著，以小見大。歷史，對旁觀者來説是一種故事，但對親歷者而言，卻是一種喜悦和傷悲。我們會發現時代變遷、風俗替代、價值更迭。在我們看來，時代變遷固然體現在香港歷史大事上的叱咤風雲

中，同時也悄然見諸在客家村落的里俗變化裡。每個村落歷史都是一部微觀的社會史，都蘊藏著解釋和說明時代變化的全部秘密。

這計劃，也是一次搶救性的記錄。歲月催人，虎地坳的記憶已成了風中之燭。如果我們不再重視，在不久的將來，香港戰後史其中一段最精彩、最動人的一頁將掩埋於一抔黃土之中。

所以，我們更相信，這只是個起點。

能夠為此盡點綿力，是我們的一份榮幸。本書得以面世，首先要感謝虎地坳村的支持。另外，我們參考了眾多村落訪談、書籍、論文、報章及網站等資料，這得力於一眾同學的工作。當然，還有那些默默地為本研究付出的朋友們，在此一併衷心感謝！

中國文化研究院院長

邱逸　博士

2022 年 8 月

　　虎地坳村有花海魚塘，佈滿塘內的「鳳眼藍」於 5 月至 10 月期間，會開花最少兩、三次。魚塘同時亦吸引候鳥冬季時候到來棲息。另外，村內亦有不同歷史古蹟，例如有文明古廟，機緣巧合下，在廟內出現一棵「天空之樹」；加上羅湖磚廠曾於 1923 年在虎地坳村內設廠，村內現時仍存在絕無僅有的 KCR 磚。因此，一年四季遊人不絕。

　　除了歷史古蹟及美景外，我更重視的是村民間的關係。亦因為有村民，如列哥、協哥，他們早於 10 年前已為村的保育作出努力，他們會於村內培植不同類別的植物，有利不同昆蟲生存，為候鳥帶來天然食糧。他們會於晚上在村內尋找不同類別的螢火蟲，在工程發展下，他們為螢火蟲搬家，在村內尋找合適螢火蟲棲息的地方、他們更邀請不同學校團體合作，並為外界人士帶領導賞，讓更多的人認識虎地坳村。

　　因以上種種人和事的美好，我努力尋求不同資源及基金，希望加大力度為虎地坳村推廣，終於成功向鄉郊保育基金申請撥款。還記得村民獲知成果後都十分振奮。成功的背後我認為是對村民作出努力的一種肯定。

　　自計劃推出後，大家眾志成城。有負責計劃的同事阿富及可宜，他們在日曬雨淋的工作環境下謹守崗位，推展虎地坳首次的文化復育工作；又有不同村民如芳姐、廖太、張

太及英姑到故事館作出支持，同心協力舉辦了多個具特色的工作坊及鄉郊市集；又有二三十位有心有力的義工到故事館作出支持，他們為故事館畫上漂亮的壁畫；又有新哥、志民哥、Dee 哥等村民為故事館和七彩古井進行翻新工作。衷心感謝每一位為復育計劃付出的朋友！

　　我在虎地坳村發現很多美好的人和事，他們都為虎地坳村默默耕耘。若我們細心留意和關心，在我們香港這地方，或許會找到更多的「虎地坳村」，更多美好的鄉郊。

竹園區神召會

麥鋒慈

2023 年 3 月

研究緣起

　　本書是我們五人在 2016 / 2017 學年，就讀於香港中文大學專業進修學院應用歷史學高級文憑課程（第一屆）時，因課程安排而到了上水虎地坳寮屋區，與當地居民進行口述歷史訪問；及後我們一同參與香港歷史文化研究會幹事會的工作，希望進行一些香港本地史研究，故便選擇「虎地坳」為題目。

　　本書的撰寫經歷了頗大的困難，在 2018 / 2019 年左右，我們曾希望與村民聯絡，惟村中的聯絡人因經商而不在香港。及後我們順利入讀大學，投入大學學習之間，這個研究卻未有繼續。最終至 2022 年，筆者也大學畢業，希望項目圓滿結束。幸好，2022 年第四季聯絡到當時上水虎地坳村故事館的職員馬勁富先生和張可宜女士，在他們的引薦下開展了一些資料搜集、聯絡到上水虎地坳村居民福利會，令本書內容更為豐富。

　　虎地坳（Fu Tei Au）村是戰後組成的寮屋區（Squatter Area），並非香港政府認可的新界原居民村落，過去一直不為公眾關注。2010 年代當局計劃發展虎地坳在內的新界東北新發展區，虎地坳村與馬屎埔村、石湖新村、天平山村等居民遂於 2012 年組成「粉嶺北新發展區寮屋居民關注組」——虎地坳居民為了引起社會關注，著力保育村落，包括梳理村內的歷史文物及非物質文化遺產。

　　本書分為五部分，即「虎地坳簡史」、「虎地坳的多元文化」、「虎地坳附近的河道工程」、「虎地坳與戰後新界農業發展」及「虎地坳與羅湖磚廠」，涵蓋多個我們能力所及，且有一定文獻為基礎的資料。

　　「虎地坳簡史」包括「虎地坳」名稱來歷的推測，1949年以前虎地坳一帶的歷史，以及 1949 年後移民、政府發展計劃及居民的保育行動。「虎地坳的多元文化」則介紹當地文明廟、呂祖廟及當地特色的盂蘭盛會。

　　「虎地坳附近的河道工程」將討論虎地坳附近多條河道，使用印度河流名稱的原因，並介紹梧桐河的河道整治工程歷史。「虎地坳與戰後新界農業發展」以戰後新界農業發展為經，以虎地坳的農業生產與出口為緯——這部分亦是我們進行口述歷史時的重要部分：現時虎地坳居民多是戰後來港的第一代與第二代，在戰後迄今均曾經歷農業生產；本書亦將介紹 1962 年港大本科生何惠瑜到當地考察的紀錄，是現存最早關於虎地坳居民生活的文獻資料。

　　最後則是「虎地坳與羅湖磚廠」，該章將會介紹羅湖磚廠與虎地坳的關係，本書亦根據當地現存的礦業遺址，推測當時採礦活動。

　　除了感謝不同虎地坳居民的協助下，筆者亦想再次感謝虎地坳故事館的前職員馬勁富先生。筆者得悉虎地坳故事館

開館後，曾電郵查詢，惟一直石沉大海。如果沒有富哥的協助與鼓勵，這本書恐怕沒有今天的成果，特此致謝。

本書主編

劉健宇 謹識

2023 年 3 月

主編劉健宇與馬勁富先生合照

目錄

第一章　虎地坳簡史

第一章

虎地坳簡史

根據香港特區政府非物質文化遺產清單項目「上水廖氏宗族口述傳說」，相傳廖姓先祖的三個兒子分別居於武威郡、青河郡和太原郡，由於青河郡和太原郡的族人均後繼無人，於是由武威郡一支過繼，上水廖氏的先祖為武威郡的一系，其後輾轉由中原河南遷到福建定居，故族人自稱為客家人。

上水廖氏在福建的第一世祖是花公，傳至第二世昌公生有徹、政、敏三子。按照客家人的傳統，長子甚少遷往外地，通常是由其他兒子離開家鄉到別處發展，據說現時廣東約八至九成的廖姓人士，包括上水廖氏也是來自福建第三世敏房一系。

上水廖氏的開基祖仲傑公原居於福建永定，是花公的第十代子孫，屬於第三世的敏房；現在上水廖氏的排輩是以開基祖仲傑公為一世祖，若從福建一系起計，上水支派的族人則要加上九代；仲傑公本名仲達，但因與前數代的祖先同名，故為了避諱而改名。

根據《上水廖氏族譜》，白元至正十年（1350 年），廖仲傑「由（福建）汀州遷廣東東莞之南」，「初住屯門，再住福田，三住雙魚境內」，最後定居於鳳水鄉（今上水鄉）雙魚一帶，成為今日上水廖氏的一世祖。[1]《嘉慶版新安縣志》「官富司管屬村莊」便有收錄「上水村」。[2] 而今日虎地坳一帶，便是屬於廖氏族人的生活範圍之中。

（一）1945 年以前的虎地坳

地名來歷

　　根據現時村內發現的兩塊廖族先祖墓碑，共記載了兩個「土名」。一塊是同治七年（1868 年）的廖氏第十世祖墓碑，土名「下水嶺」[3]，位於當地一處高地；一塊是民國十七年（1928 年）的廖氏十八世祖墓碑，土名「凹頭格田村」，位於虎地坳故事館後的民居旁（居民吳任波的寮屋旁）。

　　考「上水」之名，源於廖氏立村於梧桐河之上方，故村名「上水鄉」，因此「下水」理應為與「上水」相對的地理名稱，即梧桐河之下方，而「嶺」則為形容今日虎地坳高地的位置；「凹頭」為兩山中間的低處，相信即指今日虎地坳兩高地之間的位置。可見「下水嶺」與「凹頭」應是客觀的地理名稱。

　　至於「格田村」之名，與《嘉慶版新安縣志》「官富司管屬村莊」收錄的「隔田村」名稱相近，亦是廖氏散居鳳水鄉其中一處名為「隔田」的地方。[4]此外，虎地坳由於位處梧桐河下游，在清雍正年間建成長八丈、高兩丈，並以岩石堆砌。[5]故此虎地坳的位置又可被稱為「石陂頭」。

　　「虎地坳」作為地名，最早見於 1917 年，香港政府刊憲的賣地公告中有一塊位於丈量約份圖第 52 號地段 100 號，

表 1：新安縣與「虎」有關的地名舉隅

今日位置	地名	英文譯名	最早記載年份	資料來源
新安縣	虎頭山	/	1760-1820 年	嘉慶版新安縣志
深圳葵涌墟	虎地林	/	1866 年	新安縣全圖
深圳葵涌墟	老虎吊石	Lo Fu Tiu Shak	1866 年	新安縣全圖
香港上水 軍地新塘莆	虎地嶺	Fu Ti Ling	1907 年	香港政府檔案[7]
香港上水	虎地凹	Fu Ti Au	1917 年	香港政府檔案[8]
		後來改為「虎地坳」及「Fu Tei Au」		
香港屯門	虎地	Fu Ti	1949 年	香港政府檔案[9]
		Fu Tei	1970 年	澳洲國立大學藏香港地圖
香港元朗	虎地排	Fu Tei Pai	1970 年	澳洲國立大學藏香港地圖
香港青衣	虎地角	Fu Tei Kok	1970 年	澳洲國立大學藏香港地圖

　　以虎命名，其中一個揣測是地形像虎，上述「虎頭山」及「老虎吊石」應屬於地形像虎。堪輿學說則稱臨近險要多石的山邊一帶為虎地，利武將、行軍或主出門。[10]「上水廖氏宗族口述傳說」亦包括名為「虎地」的風水傳說：二世祖自玉公下葬在和合石的「虎地」，取名自其地形像老虎。

　　至於其他名為「虎地」的地方，則可能與香港與深圳曾經野虎橫行有關。《嘉慶版新安縣志》記載的野獸中，便有「虎」的條目：「黃色而斑，長嘯風生，百獸震恐，故為山獸之君，邑中諸山往往有之。」[11]此外，《嘉慶版新安縣志》亦有多宗野虎傷人的記載，例如「康熙十九年，多虎傷人甚

〈新界大埔墟近又發現猛虎〉,《香港工商日報》,1936年7月13日,第三張第二頁。

眾,年餘乃止」[12] 及「乾隆三十七年,狼虎成群,傷人甚多」[13]。

　　除了野虎傷人,當時城隍廟的國家祭祀亦有期望城隍保護百姓免受虎害,〈告城隍文〉提到:「昔為生民未知其故而沒其間……有為猛虎毒蟲所害者……。」[14] 此外,該志亦有記載「節婦」遇虎的故事,其中一個故事稱:「陳氏,鄭隨緣妻,夫早喪,遺嬰兒勝祖暨一婢。有利貲私欲謀陷者,婢聞告(鄭)氏。夤夜攜兒與婢奔逃,道遇虎,(鄭)氏與婢爭投噬,以衛勝祖,虎竟俯首去;時無賴追至,見虎乃還。」[15] 香

港的虎患在 20 世紀初依然存在，香港新界東西兩地均發現虎蹤。

此外，上表可考地名最初之英文拼音，「地」字的發音較為近似客家話。考「地」的廣州話（廣東話）拼音為「Dei6」（香港的英文拼音為「Tei」），圍頭話拼音為「Di6」，而客家話拼音則是「Ti4」。此外，客家人多將大片寬廣的斜坡地稱為「排」（或故名虎地排）、將河流稱為「坑」（或故名虎地坑），加上上述的上水軍地村、屯門虎地村、青衣均原是客家村落，特別是上水軍地村鄰近的虎地嶺，與「虎地坳」最近。因此，「虎地坳」一名應是由客家人命名。

客家人以虎命名地方有多個原因，參考臺灣師範大學地理學系主任韋煙灶的說法，他認為：「臺灣無虎，但一般人喜歡其威猛的造型，故而常牽涉地形似虎形，用以作為地名之命名，或以虎為喻危險以示警。」[16]

虎地坳居民亦有自己關於地名來源的傳說，虎地坳居民福利會主席廖志協先生提到兩個說法，一說是 1911 年九廣鐵路在這裡進行石頭爆破時，被山下村民認為似老虎頭，因而命名。第二說是 1915 年時，上水龍躍頭一帶發現老虎，而這隻就是上水之虎了——據說此虎從前生活於虎地坳一帶，後因開礦而遷到龍躍頭。

上水之虎的相關報道。[17]

〇為老虎辨認公堂　前數日警在在新界上水地方轟斃猛虎一頭已登誌前報當虎被斃之後本港美璋影相館賀發件將虎身攝影未幾而某某公司亦有此相片出售美璋遂控其擅將該館之相片翻晒有侵奪其權利軒昨日遂延山頓律師主控裁判司提審被告延希士廷律師及爹韋臣狀師代辯官判押候禮拜五上午十壹點鐘再審

日軍攻港

　　1941 年日軍發動了太平洋戰爭，同一時間攻擊包括香港在內的多個地方。由於當時英軍並未在邊境佈防，因此上水一帶幾乎未經戰事。本節將會簡單回顧這段歷史，並點出在虎地坳一帶發生過的歷史。

　　戰前日本及英國分別有不同部署。英國方面，當局把六營步兵分成「大陸旅」（Mainland Brigade）及「港島旅」（Island Brigade），「大陸旅」部署在九龍和新界，負責拖延日本陸軍南侵，而「港島旅」部署在香港島防衛港島南岸，阻止日軍

從香港島南部的海灘登陸。當戰爭爆發後，醉酒灣防線一旦被日軍攻破，「大陸旅」便撤返香港島，並在港島北岸防守及組成第二道防線。[18]

為阻礙日軍的攻勢，英軍旁遮普營和蘇格蘭營分別派出「前鋒隊」到大埔公路及青山公路至邊境地帶，負責前線偵察及破壞任務。一旦得悉日軍入侵香港，「前鋒隊」便配合皇家工兵破壞九廣鐵路、大埔公路及青山公路等通往九龍的橋樑、道路和鐵路，以拖延日軍推進，然後撤退。[19]

日本方面，日本陸軍於 1941 年 6 月在廣州設立第 23 軍，負責廣東佔領地的軍務。同年 9 月，日本陸軍部開始構思「南方作戰」的行動計劃，決定調派一個師團及一支攻城炮兵隊作為進攻香港的主力，並下令隸屬第 23 軍的第 38 師團籌備戰術部署。[20]

日軍計劃由第 38 師團下的第 229 及第 230 聯隊分別越過香港邊境的東部及西部入侵新界。第 230 聯隊採取西線進攻，並分為東西兩路展開入侵：第 230 聯隊第 1 大隊從西路入侵，途經新界西北部的落馬洲、新田、錦田及元朗前往青山灣，再經青山公路往荃灣；第 230 聯隊第 2 及第 3 大隊則從東路入侵，這兩支大隊分別在羅湖東西兩側越境，再於石湖墟會合，然後經營盤及八鄉到石頭圍，並且兵分兩路在上城門水塘東西兩側逼近城門棱堡及醉酒灣防線的英軍左翼。[21]

　第 229 聯隊則從東線進攻，同樣分為東西兩路部隊越過邊境。第 229 聯隊第 3 大隊從東路入侵，途經新界東北部的沙頭角、坪輋及沙螺洞前往大埔；至於第 229 聯隊第 1 及第 2 大隊則從西路入侵，途經打鼓嶺、粉嶺及九龍坑，在大埔與第 229 聯隊第 3 大隊會合，再前往馬料水。第 229 聯隊將會橫渡沙田海並在馬鞍山登陸，然後登上水牛山及逼近醉酒灣防線的英軍右翼。[22]

　由於英軍在日本進攻後旋即撤離新界，當日軍第 230 聯隊第 2 及第 3 大隊於石湖墟會合時，幾乎沒有遇到任何抵抗，日軍斥候返回本部報告時稱：「從粉嶺到石湖墟不見敵蹤，據住民説，英、印兵已向九龍撤退。」[23] 據居於上水鄉的新界原居民廖振聲（1927 年出生）表示，當時他在上水鳳溪學校讀書，是日軍進入新界必經之路，其中一支日軍經文錦渡進入上水村，但蓮塘橋被英軍撤退時炸毀；當日軍到達上北村和下北村一帶時，便拆掉部分民房及門板來做橋，位置就是現在鳳溪中學。[24]

　據虎地坳村文化復育計劃為居民吳任波進行的口述歷史，當時日軍為了修復其中一道橋樑「虹橋」[25] 時，便到虎地坳拆掉其青磚屋，搭橋過河——吳任波父親所擁有的其中三間青磚屋便是當年被拆毀。[26]

日佔時期

　　香港易幟後，日本成立香港佔領地總督部，並委任日本
陸軍第 38 師團憲兵隊隊長野間賢之助成立「香港憲兵隊」，
獲授權負責民警與部分軍警職務，例如防止軍事機密外泄、
調查間諜活動、維持治安、檢討信件等。當時香港憲兵隊總
部設於香港最高法院下設五個地區憲兵隊，包括香港島東、
香港島西、九龍、新界及水上。各地區憲兵隊由一隊長統
領。[27] 由於日軍駐港兵力不足，忙於鞏固市內統治，在新界地
區，只在交通要道據點駐兵。

　　新界地區憲兵隊總部原設於粉嶺安樂村，更短暫裁撤並
併入九龍地區，稍後當局設立上水憲兵派遣隊，總部設於上
水圍一名為「西江園」（Sai Kon En）的民宅；後來升格為上
水地區憲兵隊，隊長為小畑千九郎，下轄五個機關：沙頭角
憲兵派遣隊、元朗憲兵派遣隊、大埔憲兵分駐所、青山憲兵
分駐所，及管轄深圳南頭的寶安憲兵派遣隊。[28]

　　由於上水地區憲兵隊轄區不時發現遊擊隊活動，故於
1945 年 5 月 15 日成立「特別制服防衛隊」（Special Uniform
Security Squard 或 Plain Clothes Security Force）及「秘密武裝
隊」（Secret Armed Squard），兩隊曾經聯合拘捕遊擊隊員。[29]

　　戰後英國於 1946 年 3 月在香港最高法隊及渣甸貨倉設
立的四個軍事法庭，共審理了 30 宗案發生在香港的案件，

戰犯包括上水地區憲兵隊隊長小畑千九郎。[30] 然而，現時並未發現有關虎地坳的日佔時間紀錄。

（二）1945 年後虎地坳寮屋區的發展

虎地坳寮屋區的「立村」

「虎地坳」作為地名，最早見於 1917 年香港政府刊憲的賣地公告，當時的英文拼音為「Fu Ti Au」，中文土名為「虎地凹」。戰前虎地坳的主要用途有農業與製磚，戰後則成為新來港的居民興建寮屋。

虎地坳寮屋區，俗稱「虎地坳村」，源於戰後從中國內地遷入的移民，包括廣東的潮州、客家、海陸豐等。村民到埗後，便用臨時物料搭建寮屋生活。由於虎地坳自 18 世紀以來均為上水原居民廖氏的墓地，因此村民居所附近均是一座座山墳，在香港極為罕見。

據虎地坳村文化復育計劃為居民吳任波進行的口述歷史，吳任波父親是現存虎地坳最早的移民，他們於 1934 年買下一連八間青磚屋居住，現時只剩下五間青磚屋。[31]

由於虎地坳鄰近梧桐河，早年暴雨經常引發水災，往往波及村民的人身安全。有見及此，居於梧桐河附近的居民便設計「高腳屋」和「高牆寮屋」兩種的寮屋類別。虎地坳

虎地坳村口與山墳相連

高腳屋與大澳的棚屋設計、功能如出一轍,防止大型水災襲來。

　　1967 年粵語長片《矇查查搵老婆》亦有虎地坳的生活留影。該片由陳焯生(1922-2017)[32] 執導,故事講述彭友祥(新馬師曾飾)與妻李金妹(李紅)以養鴨為生,一次水災令他們損失慘重。這個故事的開場可謂虎地坳生活的寫照。

1960 年代虎地坳寮屋留影

鴨，菜田內貯水池周圍搭竹以人彼從鴨蛋大一，沿一河桐陽的取及據府港故圖（攝龝碧李省記）。臭湖或貯水河份部使，內河入況渠

1970 年代所攝在梧桐河上的高腳寮屋 [33]

現時的高牆寮屋

現時的高腳屋

周佛夫婦的戰前廚房（室內，室內）

其他青磚房屋

村廁所（外部，內部）

　　虎地坳的寮屋是按原有的建築物再混合不同物料而成的。物料素材包含非永久性物料（木材和鋅鐵）及永久性物料（石塊、磚頭、鋼筋、混凝土）。例如：周佛夫婦的戰前廚房。廚房裡其中一幅的牆壁是青磚建成。據廖志協介紹青磚牆壁是 40 年代戰前遺留下來的遺物，後經周佛夫婦加建成為廚房。除戰前廚房外，村落亦有數所寮屋是有一部分為青磚的混合房屋。

　　此外，村內以前亦設有三個村廁所，年代久遠，超過 60 年的歷史，最初建造這些廁所源於底下設有一個化糞池，製造有機物，用作施肥。現在化糞池填平了，每家每戶已有獨立洗水間。

　　「虎地坳道」（Fu Tei Au Road）是唯一以虎地坳命名的道路，是根據 1972 年 9 月 15 日香港政府公告第 2306 號而命名，為「由連按文錦渡路處開始向西行九百六十呎急轉向西南偏南行七百二十呎再急轉大致向西行六百呎轉彎向西北偏西行一千一百呎止於九廣鐵路。在 NTA/TP/R51 號圖以綠色標明。」

　　根據政府地政總署於 2023 年 1 月及 2 月就劉健宇依「公開資料守則」查詢的紀錄顯示，政府並未就以下地名刊憲：

1. 虎地坳村

2. Fu Tei Au Tsuen（虎地坳村的英文拼音）

    3. Fu Ti Au

    4. Fu Tei Au

由此可見，地政總署認可的只有「虎地坳道」，但「村內」亦可見其他部門以「虎地坳」命名當地。根據政府北區地政專員於 2023 年 2 月就劉健宇依「公開資料守則」查詢的紀錄顯示，現時「北區地政處寮屋管制隊」[34] 管有「虎地坳寮屋區」的紀錄，當地共有約 170 個於 1982 年寮屋管制登記記錄，及 4 個經寮屋住戶自願登記計劃的記錄。

    此外，文錦渡路及虎地坳道的巴士站亦命名為「虎地坳站」。

政府發展虎地坳一帶的計劃

    1990 年港府規劃署制訂鄉郊分區計劃大綱圖，其中一個分區便是「虎地坳及沙嶺分區」，並計劃發展新界東北成為新市鎮。1998 年，項目被納入香港政府的《全港發展策略檢討》。[35]

    直至 2007 年規劃署公佈《香港 2030：規劃遠景與策略最後報告》，按過去已經作出的研究諮詢、交通網絡及能夠連接現有新市鎮三個因素為理由，重新建議發展古洞北、粉嶺北和坪輋／打鼓嶺三個區域。[36]

「虎地㘭道」憲報命名圖則（NTA/TP/R51）
備註：黑色線為「文錦渡路」

由北區民政事務署放置的「虎地㘭居民信箱」

表 2：虎地坳及沙嶺分區計劃大綱歷程 [37]

刊憲年份	規劃發展
1990 年	納入《虎地坳及沙嶺中期發展審批地區圖編號》（IDPA/NE-FTA/1）的範圍內。
1991 年	中期發展審批地區圖範圍的土地納人《虎地坳及沙嶺發展審批地區草圖編號》（DPA/NE-FTA/1）的範圍內。該發展審批地區草圖由城規會擬備，根據《城市規劃條例》第 5 條供公眾查閱。
1993 年	時任規劃環境地政司行使當時的總督所授予的權力，根據《城市規劃條例》第 3(1)(a) 條，指示城規會為虎地坳及沙嶺地區擬備分區計劃大綱圖。
1994 年	時任總督會同行政局根據《城市規劃條例》第 9(1)(a) 條，核准虎地坳及沙嶺發展審批地區草圖，該核准圖其後重新編號為「DPA/NE-FTA/2」。
	城市規劃委員會根據《城市規劃條例》第 5 條，展示《虎地坳及沙嶺分區計劃大綱草圖編號 S/NE-FTA/1》。
1999 年	時任行政長官會同行政會議根據《城市規劃條例》第 9(1)(a) 條，核准虎地坳及沙嶺分區計劃大綱草圖，該核准圖其後重新編號為「S/NE-FTA/3」。
	時任行政長官會同行政會議根據《城市規劃條例》第 12(1)(b)(ii) 條，把該核准圖發還城市規劃委員會作出修訂。
2000 年	時任行政長官會同行政會議根據《城市規劃條例》第 9(1)(a) 條，核准虎地坳及沙嶺分區計劃大綱草圖，該核准圖其後重新編號為「S/NE-FTA/5」。
2003 年	時任行政長官會同行政會議根據《城市規劃條例》第 12(1)(b)(ii) 條，把該核准圖發還城市規劃委員會作出修訂。
2004 年	時任行政長官會同行政會議根據《城市規劃條例》第 9(1)(a) 條，核准虎地坳及沙嶺分區計劃大綱草圖，該核准圖其後重新編號為「S/NE-FTA/7」。
2005 年	城市規劃委員會根據《城市規劃條例》第 5 條，展示《虎地坳及沙嶺分區計劃大綱草圖編號》（S/NE-FTA/8）。草圖展示期間，城市規劃委員會接獲兩份反對書。
2006 年	城市規劃委員會進一步考慮該等反對書，並決定針對反對書的部分內容而建議作出修訂。及後圖則的擬議修訂根據《城市規劃條例》第 6(7) 條在憲報上公布；在公布期內，並無接獲針對修訂而提出的有效反對書。城市規劃委員會最終同意該擬議修訂是根據條例第 6(9) 條作出的決定，以及有關修訂應為圖則的一部分。
	城市規劃委員會根據《城市規劃條例》第 7 條，展示《虎地坳及沙嶺分區計劃大綱草圖編號》（S/NE-FTA/9）。草圖展示期間，城市規劃委員會並無接獲反對書。
	時任行政長官會同行政會議根據條例第 9(1)(a) 條，核准虎地坳及沙嶺分區計劃大綱草圖，該核准圖其後重新編號為「S/NE-FTA/I0」。
2008 年	時任行政長官會同行政會議根據《城市規劃條例》第 12(1)(b)(ii) 條，把該核准圖發還城市規劃委員會作出修訂。

刊憲年份	規劃發展
2009 年	城市規劃委員會根據《城市規劃條例》第 5 條，展示《虎地坳及沙嶺分區計劃大綱草圖編號》(S/NE-FTA/11)。該圖收納了多項修訂，主要是把文錦渡路旁的一幅用地由「露天貯物」地帶及「其他指定用途」註明「加油站」地帶改劃為「其他指定用途」註明「家禽屠宰中心」地帶；以及加入「其他指定用途」註明「家禽屠宰中心」地帶的《註釋》。在為期兩個月的展示期內，城規會並沒有接獲任何申述書。
2010 年	時任行政長官會同行政會議根據條例第 9(1)(a) 條，核准虎地坳及沙嶺分區計劃大綱草圖，該核准圖其後重新編號為「S/NE-FTA/12」。
2012 年	時任行政長官會同行政會議根據《城市規劃條例》第 12(1)(b)(ii) 條，把該核准圖發還城市規劃委員會作出修訂。
2013 年	該分區計劃大綱核准圖發還一事根據《城市規劃條例》第 12(2) 條在憲報公布。
	城市規劃委員會根據《城市規劃條例》第 5 條，展示《虎地坳及沙嶺分區計劃大綱草圖編號》(S/NE-FTA/13)。該分區計劃大綱圖所作的修訂是剔出規劃區南部的土地，並把之納入《粉嶺北分區計劃大綱草圖編號》(S/FLN/1)，以反映粉嶺北新發展區的範圍。在展示期內，共收到兩份申述書。
2014 年	城市規劃委員會公布申述書的內容，為期三個星期，讓公眾提出意見，其間並無收到意見書。
	行政長官根據《城市規劃條例》第 8(2) 條，同意把城市規劃委員會將這份分區計劃大綱草圖呈交行政長官會同行政會議核准的法定期限延長六個月至 2015 年 5 月 20 日。
2015 年	城市規劃委員會考慮有關申述後，同意延期就關於這份分區計劃大綱圖的申述作出決定，以便一併就新界東北新發展區相關的分區計劃大綱圖，包括粉嶺北新發展區的所有申述作出決定。
	城市規劃委員會根據條例第 6B(8) 條，決定不順應有關申述而建議修訂這份分區計劃大綱草圖。
	時任行政長官會同行政會議根據條例第 9(1)(a) 條，核准虎地坳及沙嶺分區計劃大綱草圖，該核准圖其後重新編號為「S/NE-FTA/14」。
2017 年	時任行政長官會同行政會議根據《城市規劃條例》第 12(1)(b)(ii) 條，把該核准圖發還城市規劃委員會作出修訂。
	城市規劃委員會根據《城市規劃條例》第 5 條，展示《虎地坳及沙嶺分區計劃大綱草圖編號》(S/NE-FTA/15)。該圖的修訂包括把四塊分別位於《文錦渡分區計劃大綱圖》和《恐龍坑分區計劃大綱圖》範圍內的土地納入規劃區，並把這些地方連同一塊位於缸瓦甫的土地由「綠化地帶」、「農業」地帶和「未決定用途」地帶改劃為「政府、機構或社區（1）」地帶，以便把多項北區的警察設施集中在一處；以及納入文錦渡分區計劃大綱圖範圍內的一塊劃為「綠化地帶」的土地，而其土地用途地帶規劃則維持不變，以理順規劃區的界線。

居民福利會的成立

「上水虎地坳村居民福利會」(Sheung Shui Fu Tei Au Village Residents Welfare Association)的成立,與新界東北發展有關。2010 年,以廖志協為首的十名居民,透過與城市規劃委員會和立法會議員的洽談,希望能夠使政府修改原本的新界東北發展計劃。

2013 年,虎地坳居民籌組「虎地坳村發展區關注組」,並向立法會發展事務委員會表達意見。[38]2015 年,居民福利會正式籌組,負責村內外事務。福利會有十多名幹事,當有村內需要處理的事項時,通常由指定幹事「認頭」,之後在定期開會時跟進事項。廖志協說:「我們福利會最大的目的都是保育行先!」由幹事列安邦主理的自然生態,令虎地坳成為一個注重保育的村落。絕大多數種植和保育都是由列安邦負責。透過社交網站,將虎地坳發現的新植物和動物品種,往外發佈,希望吸引一些學者、學生來此研究,將虎地坳保育概念擴散出去。[39]

居民福利會的文化保育行動

過去十年間在居民福利會的經營下,有不少本地學者曾到訪虎地坳。香港樹仁大學社會學系的學者陳蒨於 2015 出版《潮籍盂蘭勝會:非物質文化遺產、集體回憶與身份認同》

上水虎地坳村居民福利會會徽

之前，便曾到虎地坳考察。

2015 年，香港中文大學建築學系的學者鍾宏亮到訪虎地坳，探討戶外種植與寮屋結構的議題。2018 年，香港中文大學專業進修學院應用歷史學高級文憑課程統籌邱逸博士，率領學生多人到虎地坳與居民進行口述歷史訪問。

在云云虎地坳村文化保育的項目中，「虎地坳村文化復育計劃」規模最大。該計劃由香港路德會社會服務處主辦，獲鄉郊保育資助計劃撥款推行，計劃為期兩年（2021 年 3 月開始），首階段設立虎地坳故事館（已於 2021 年開幕），並展開口述歷史編集、七彩古井周邊復育工作、社區藝術活動等，未來將陸續推出傳統手工藝工作坊、鄉村市集、社區導

虎地坳故事館外貌

賞團等活動。

　　「虎地坳村文化復育計劃」亦與居民攜手設計了多個「文化景點」，茲摘錄如下：

表 3：虎地坳村文化景點

六間遺痕	根據與村民進行的口述歷史訪問資料所得，六間遺痕不僅是過去村民的居所，更承載著日佔時期的新界地區戰役歷史故事。二戰期間，英軍曾將當時連接虎地坳和上水的「虹橋」炸毀，以阻礙日軍由邊境進一步入侵香港市內。有見及此，日軍便隨即在村裡拆掉多間屋舍，試圖利用其拆卸得來的物料來渡河。現這六間曾被破壞的房屋多數已修葺過，但仍可隱約看見一些磚塊和後期焊接而成的鐵皮合成構築部分，示意了以往戰事中在這裏留下的印記。
農屋廚房	虎地坳村內的房屋風格五花八門，其中一戶還住著一對九十多歲的老夫婦周伯和周太。他們屋內的格局與故事館大同小異，不同用途的房間均是分開建成。位於客廳對面的廚房保持了原始的內外設計，充分呈現了傳統寮屋的農戶生活風貌。外牆大多以木板搭建，而歐山式的屋頂則用鐵皮板塊覆蓋著，另有木樑裝製在內為其增加支撐性。廚房內靠牆配備了一座混凝土煙囪，前方設有一個舊式的磚製灶頭。老夫婦一般會用木柴作點火的燃料來煮食，而且還會貯存燒熱了的水在灶頭旁邊洗澡。雖然廚房內現已安裝了現代的熱水爐，但仍無阻這對夫婦繼續沿用這種風俗習慣來節省電費。細心觀看，可見壁架上方擺放了簡約的灶君神位和揮春，寓意灶王眷顧家庭各人，保佑家宅平安。
荷花池	荷花池是一個由村民自行發起和組織的項目，其希望透過復育生態池塘，能進一步促進生物多樣性。由前期撒種施肥，直至春天逐漸發芽，再於夏季開花結出蓮子，過程中每一步的工序和照料絕不能少。自村民加入發展荷花池後，越來越多林林總總的蝴蝶和蜻蜓都被吸引到這個人工棲息地，使虎地坳村的整體生態環境生色不少。
螢火蟲棲息地	據村民所指，過去虎地坳的自然環境曾吸引不少螢火蟲到來棲息。由於近五十年間附近地區大量發展基建和工業設施，例如村尾的上水濾水廠、文錦渡以東的嘉華瀝青廠、梧桐河以西的上水屠房和污水處理廠等等，令螢火蟲數目大大減少。近年在虎地坳曾被發現的螢火蟲品種包括山窗螢、水棲螢和趨光螢。牠們多數出沒於鄰近梧桐河的自然保育區河曲一帶。其發光的原理是由吸入的氧氣與腹部的螢光素相互結合，便能產生一閃一閃的光亮。螢火蟲一般喜歡棲息於河流、濕地、稻田和森林等較濕潤和暖的地方，而且對整體環境和水質的要求甚高，故經常被視為優良環境的生物指標。
七彩古井	「七彩古井」是一口由村內不難找到的顏色礫石所砌成，故得其名。古井的由來相傳是當年九廣鐵路的供應商 —— 羅湖磚廠的工人於虎地坳開採造磚的資源時建成。惟據村民憶述，當時的磚廠工人因工作而需居住在虎地坳，便就地取材，利用礫石疊砌成約有五米深的一口水井，供應日常生活所需，直到現在卻成為了磚廠曾在此處留痕的證據。

居民福利會的自然保育行動

　　根據村民列安邦憶述，近年虎地坳的生態保育始於政府新界東北發展計劃，2010 年虎地坳村民參與聯村關注組，促請政府保育虎地坳的生態，此舉讓村民展開一個保留村內自然生態的行動。最初這個行動旨在種植一些有利生態保育的物種，包括植物、昆蟲、鳥類及走獸等。社會發展不斷向前，人類活動對於自然生態的影響，牠們卻不會發聲，只能轉移到另一個適合生存的棲息地，或是在這個過程中消失。

　　列安邦與其他村民的保育行動，也帶來一些成效，例如在虎地坳附近發現黃緣雌光螢（又名：莫氏凹眼螢）——根據香港螢火蟲保育基金就虎地坳發現的昆蟲圖片評估，是鞘翅深褐色且邊緣淡黃色的螢火蟲，名為「Rhagophthalmus motschulskyi」，牠們一般棲息於鄉村農田、棄耕地及枯葉堆等環境中，主要分佈在新界北區，牠們在春季會較活躍。對土壤要求較高，不喜好於較乾旱的土壤環境中棲息。除此以外，列安邦等村民也發現更多物種。

　　在發現不同物種之外，列安邦與其他村民亦積極通過導賞，向公眾介紹虎地坳的獨特文化與生態價值。村民們希望通過以上行動，讓大眾認識保育自然生態的價值與重要性。

註釋

1　廖汝瀛：《上水廖氏族譜》，19?? 年，香港大學藏（編號：羅 700 20）。

2　【清】舒懋官主修、王崇熙主纂：《新安縣志》，清嘉慶二十五年刊本，愛如生中國基本古籍庫版，頁 91。

3　據虎地坳內廖氏第十世祖祖墳石碑記載，同治七年（1868 年）歲次戊辰八月仲秋吉旦重修，葬於土名下水嶺。同治七年即 1868 年，因此虎地坳的民間俗稱有很大可能是下水嶺。

4　黃佩佳：《香港本地風光・附新界百詠》，香港：商務印書館（香港）有限公司，2017 年，頁 332 至 333。

5　〈新界上水村，石陂頭重建落成〉，《華僑日報》，1957 年 5 月 17 日。

6　Land at Sheung Shui & Fu Ti Au, N.D. N.T., Demarcation district No. 52. Lot 1307 & D.D. 88, Lot 100 - Application of [Name] of Sheung Shui - For agricultural Purpose. Record identity: HKRS58-1-83-39. Original Reference Number: CSO 1540/1917. 22 May 1917 - 9 October 1917.

7　Land at Fu Ti Ling, San Tong Po, N.T., Survey District 85. Lot 688 - Application from [Name] and [Name] of Lau Shui Heung for - For Building Purpose. Record identity: HKRS58-1-45-71. Original Reference Number: CSO 8246/1908. 18 November 1908 - 14 December 1908

8　Land at Sheung Shui & Fu Ti Au, N.D. N.T., Demarcation district No. 52. Lot 1307 & D.D. 88, Lot 100 - Application of [Name] of Sheung Shui - For agricultural Purpose. Record identity: HKRS58-1-83-39. Original Reference Number: CSO 1540/1917. 22 May 1917 - 9 October 1917.

9　Lot No. 431, D.D. No. 443, Fu Ti, N.T. - Sale of - For the Purpose of Agriculture. Record identity: HKRS156-1-2057. Original Reference Number: BL133/3091/49. 2 September 1949 - 3 March 1950.

10　艾迪叔叔：〈尋找我們腳下的土地：虎地的前世今生〉，《嶺南人》第 114 期，頁 35 至 39。

11 【清】舒懋官主修、王崇熙主纂:《新安縣志》,清嘉慶二十五年刊本,愛如生中國基本古籍庫版,頁 127。

12 同上,頁 358。

13 同上,頁 359。

14 同上,頁 335 至 336。

15 同上,頁 501。

16 韋煙灶教授:《地理實察第六章臺灣地名的探究》(未出版講義),網址:http://www1.geo.ntnu.edu.tw/webs/teacher/Yan-Zhao%20Wei/course/life_geography/life_geo/chp6_toponymy.pdf。閱讀日期:2023 年 1 月 1 日。

17 〈為老虎連訟公堂〉,《香港華字日報》,1915 年 3 月 18 日。

18 鄺智文、蔡耀倫:《孤獨前哨:太平洋戰爭中的香港戰役》,香港:天地圖書有限公司,2013 年,頁 144 至 145。

19 同上,頁 145 至 146

20 同上,頁 132 至 124 及 152。

21 同上,頁 170 至 173。

22 同上,頁 170 至 173。

23 劉智鵬、丁新豹主編:《日軍在港戰爭罪行 —— 戰犯審判紀錄及其研究》(香港:中華書局(香港)有限公司,2015 年),頁 10 至 11。

24 李國柱、馬鈺詞:《香港抗日小鬼訪談錄》(香港:香港史學會,2021 年),頁 88 至 89。

25 虹橋,又稱紅橋,即「東興橋」,為跨越梧桐河的石橋,現為文錦渡路的一部份,即文錦渡路與梧桐河交界的路段。以前是通往深圳必經之路,有守橋土地神位碑,橋名只刻在碑上,該碑現已不存在。

26 〈吳任波口述歷史〉,香港路德會虎地坳村文化復育計劃,網址:https://www.ftaculturalproject.org.hk/index.php/zh/tw-oral-history-interviews。閱讀日期:2023 年 1 月 1 日。

27 劉智鵬、丁新豹主編:《日軍在港戰爭罪行 —— 戰犯審判紀錄及其研究》(香港:中華書局(香港)有限公司,2015 年),頁 10 至 11。

28 同上,頁 67。

29 同上,頁 68。

30 同上,頁 47 至 105。

31〈吳任波口述歷史〉，香港路德會虎地㘭村文化復育計劃，網址：
https://www.ftaculturalproject.org.hk/index.php/zh/tw-oral-history-
interviews。閱讀日期：2023 年 1 月 1 日。

32〈陳焯生介紹〉，連結：https://www.filmarchive.gov.hk/
documents/18895340/19057017/CHAN%2BCheuk-sang_c.pdf。閱
讀日期：2023 年 7 月 15 日。

33〈下游河邊有人養鴨 梧桐河水濁臭鴨糞連同河水汲入大欖涌水塘〉，
《香港工商日報》，1963 年 10 月 27 日。及〈梧桐河畔垃圾仍未移
去〉，《工商晚報》，1971 年 3 月 2 日。

34 2006 年前，寮屋管制辦事處原轄於房屋署，故 1982 年寮屋管制登記
記錄由房屋署編訂。

35〈臨時立法會參考資料摘要全港發展策略檢討最後摘要報告〉，會議
文件編號：PELB(CR) TC 15/95 Pt 9，1998 年 3 月 26 日，網址：
https://www.legco.gov.hk/yr97-98/chinese/panels/plw/papers/
pl2603_3.htm

36 香港政府規劃署：《香港 2030：規劃遠景與策略最後報告》，2007 年
10 月，網址：https://www.pland.gov.hk/pland_en/p_study/comp_s/
hk2030/chi/finalreport/pdf/C_FR.pdf。閱讀日期：2023 年 1 月 1 日。

37 北區區議會：〈2017 年 4 月 10 日地區小型工程及環境改善委員會〉，
資料文件第 17/2017 號 ，網址：https://www.districtcouncils.gov.hk/
north/doc/2016_2019/sc/committee_meetings_doc/dmweic/12955/
n_dmweic_2017_017_ch.pdf。閱讀日期：2023 年 1 月 1 日。

38 虎地㘭村發展區關注組：〈就修訂方案（2013 年 7 月）「粉嶺北新發展
區」內有關虎地㘭村之規劃意見〉，立法會發展事務委員會，會議文
件編號：CB(1)1646/12-13(02)，2013 年 7 月 31 日，網址：https://
www.legco.gov.hk/yr12-13/chinese/panels/dev/papers/dev0731cb1-
1646-2-c.pdf。閱讀日期：2023 年 1 月 1 日。

39「上水虎地㘭居民福利會」社交平台專頁：https://www.facebook.
com/ljsst2015/

第二章

虎地坳的多元文化

（一）文明廟

　　根據香港特區政府古物古蹟辦事處的資料，文明廟由上水鄉廖氏於 1924 年前所興建，該廟又名文廟、文武廟。這幢三進式建築物的中堂寶殿兩側有兩道露天走廊，可直達後殿。文明廟主要供奉文帝、武帝和魁星。這座別具歷史及宗教意義的古廟，昔日對上水鄉廖氏村民生活影響很大。[1] 過去曾被評為二級歷史建築，現在則被評為三級歷史建築。由於該廟早已荒廢，未能發現更多有關的資料。

文明廟現貌

(二) 大王爺廟

　　根據居民的紀錄，當地曾有一間「大王爺廟」，歷史不詳，但於日軍攻港時被拆卸。

大王爺廟模型

（三）呂祖廟

上水虎地坳呂祖廟，亦稱「虎地坳德陽堂呂祖先師廟」，該廟是居民的主要信仰。1967 年，村內幾位長輩祭祀祖先，歷經二年，後察覺祭祀要有一位神仙為佳，續擲聖杯，挑選了呂祖先師。

呂祖，即指呂洞賓，為晚唐道士。本名呂喦，字洞賓，成為道士後，道號「純陽」。傳說全真教創立人王重陽，於公元 1159 年曾遇呂洞賓；呂洞賓被視為內丹道術大師及全真教五祖之一。元世祖至元八年（126 年）敕封全真教五祖為真君，即尊呂為「純陽演正警化真君」，武宗至大三年（1310 年），加封為帝君，尊稱「純陽演正警化孚佑帝君」。後世道教信眾因此尊稱呂洞賓為「孚佑帝君」或「呂純陽祖師」。

奉「呂祖」的宗教建築，分為「道堂」與「廟宇」，前者由道教團體管理，後者則屬於民間信仰，由相關團體自行管理。

考香港呂祖崇拜源流，可追至民國成立後。當時廣東一帶戰亂不斷，故一些富戶人家紛紛遷到香港，其中也帶來了道教信仰。[2] 此外，國民政府於 1927 年及 1928 年先後公布〈廢除卜筮星相巫覡堪輿辦法〉及〈內政部神祠存廢標準

令），故廣州市相繼「破除迷信」，此舉便促使道堂遷來受
《華人廟宇條例》保護的香港。[3] 二次大戰前，遷至香港之呂祖
道堂，包括抱道堂、蓬瀛仙館、王壺仙洞、通善壇、雲泉仙
館等。[4]

　　根據廖志協所述，呂祖廟過往是一個鐵皮廟；1970 年，
上水圍四位村代表投訴至大埔理民府，認為該廟破壞上水圍
風水，呂祖廟因而被拆。不料一年後水災嚴重，出現人命傷
亡，投訴者疑慮觸犯呂祖。並在 1971 年，重建呂祖廟。

　　過往呂祖廟是一間鐵皮搭建的寺廟，白色的磚牆，沒
有任何佈置，略為簡陋。香火不足，四周荒蕪，更顯得冷冷
清清。

　　2014 年，居民發現呂祖廟殘破不堪，木柱霉爛。因此
居民決定集資重建呂祖廟的內部結構與屋頂，並在 2015 年
完成。

　　現時，呂祖廟整棟建築呈四方形，外牆是紅色，屋簷是
綠色。門前頂閣架起了一幅「呂祖先師廟」牌匾。橫額後設
有「德陽堂」牌匾。兩旁分別掛有牌匾。右邊是「永示眾生
修福慧」，左邊是「常傳妙道保安康」。廟前更設有呂祖先師
廟專用的香爐，盡顯虎地坳德陽堂的氣派。寺旁亦放置了一
些盆栽，為呂祖廟增添大自然的活潑生氣象。

2014 年復修前虎地坳德陽堂呂祖先師廟（正面照）[5]

2015 年復修後虎地坳德陽堂呂祖先師廟（側面照）[6]

2015 年復修後虎地坳德陽堂呂祖先師廟室內佈置 [7]

　　寺內的佈置簡約神聖，正中央桌子放了少量的新鮮水果供奉呂祖先師神像。右邊是德陽堂呂祖先師廟重修表揚牌，左邊是關於盂蘭勝會表附投福品表。虎地坳德陽堂呂祖先師廟由一間鐵皮廟轉變為新式寺廟，見證虎地坳居民的富裕。

　　使用方面，廖志協指雖然呂祖廟是因為要治水而出現的，但「祭幽」一般都會實時實地在河邊進行，並非在這所廟。因為難民潮時期村莊的河道常常淹死人，浮屍不斷在居

民面前出現，因此居民選擇直接在河邊進行。

營運方面，廖志協指村內呂祖廟的營運所需費用來自「香油」、「求福品」等等，即是由居民共同承擔。呂祖廟上的太陽能板以至平地亦是來自這些資金，呂祖廟和虎地坳均向環保方面發展。

（四）盂蘭盛會

虎地坳（德陽堂呂祖仙師廟）盂蘭盛會的起源要追朔至1960年代，大量內地居民南移香港，當中有一部分潮州人開始在虎地坳聚居。直至1967年，有潮州居民代表認為越來越多「潮人」居住虎地坳，並且覺得應該在香港舉行有關潮州的習俗和傳統，因此在村內舉辦了簡單的盂蘭祭祀，是為首屆盂蘭盛會。

據虎地坳村文化復育計劃為居民鄭漢春進行的口述歷史，最初創立「虎地坳村盂蘭勝會」主要是想為那些因偷渡而失去性命的同胞「拜好兄弟（孤魂）」，超度他們的亡魂並藉此祈求風調雨順，國泰民安；這項建議最後獲得十一位潮籍人士支持，每人遂捐二百港元於1967年開始第一屆「虎地坳村盂蘭勝會」，並於同年請來呂祖仙師坐鎮本村，透過擲「聖杯」求得農曆七月十七日為打醮日，十八日為燒衣

日：「第一日，十七號，你要請神啦，請那些正神（「天地父母」、「南辰北斗」和「諸位福神」）來啦。十八號就拜好兄弟那些啦，請喃嘸佬去橋頭拜祭，之後會派白米和燒衣，夜晚會一起食飯，投福品這樣。年年都是這樣進行的，沒有變過。」[8]

　　直至 2013 年，當時村裡因經費問題，而且成本高昂，舉辦盛會殊不簡單，加上沒有年輕一輩承接，因此由廖志協以及其他同輩承接，成為第三代。村長稱：「我們這群五十歲後，已結婚，又搬了出去，自身經濟負擔不重，當時被長輩不斷遊說，新界東北發展問題，又說要拆虎地㘭，因此回

盂蘭盛會留影

來大搞盂蘭，出外參加比賽，舉辦文化活動，希望透過文化保育活動，引起各界關注，而令虎地坳的價值提高，不致被清拆。」

盂蘭盛會程序

盂蘭盛會時間表與委員清單

盂蘭勝會分三日舉行，每日皆有不同的活動進行，現臚列如下：

日數	程序
第一日	開壇、迎聖
第二日	晚朝行道，上水屠房眾生，梧桐河，超幽及施食 潮州折子戲：《京城會》、《莫愁女》、《梅子說》、《四郎探母》
第三日	早朝行道，孤魂野鬼領衣食 送聖、燒衣，派發酬神祭品 聯歡晚宴

祭祀儀式與眾不同

據虎地坳村文化復育計劃為居民廖志協及陳耀安進行的口述歷史，居民在 2015 年開始在每年的盂蘭勝會中輪流按照四個習俗形式的大士王來作拜祭，充分展現出對村內多元背景和文化的尊重和包容；廖志協及陳耀安兩人則於 2016 年接手第 50 屆盂蘭勝會，並通過觀摩香港各式各樣的盂蘭勝會，吸收各地區組織的做法；並正式加盟潮屬社團總會屬下的國家級非物質文化遺產。[9]

直到 2019 年，他們更請來香港本地紮作業工會會長冒卓祺師傅製作四大士王，史無前例地在單一勝會場地中同場展出四個不同型式的大士王，其款式分別有紅面（客家）、藍面（潮州）、白面（本地—東莞）、青面（鶴佬—福建），又想到加入日本盂蘭元素，懸掛了帶有日式味道的燈籠和彩

色油紙傘，盡顯創意和特色。

此外，按學者考據，虎地坳的盂蘭勝會與眾不同；這些不同，俱源於虎地坳混集各地移民所致：例如佛教經師誦經時並非潮州話而是廣府話、紙紮品既有潮州大金，也有廣東金銀紙。儘管如此，當地居民依然堅稱德陽堂盂蘭勝會屬於「潮式」，原因在於當初發起時，由十一名潮人籌辦，而且不少儀式亦依照「潮式」。[10]

鬼王大士王

鬼王，又稱大士王，佛教尊稱為鐵圍山內燄口面燃大士菩薩，道教則專稱為幽面燃鬼王監齋使者羽林大神普渡真君，通常一般稱大士王，大士公。[11] 鬼王有潮州、客家和海陸豐、廣東之分，潮州鬼王是一幅五、六尺的畫像；客家和海陸豐長有獠牙，外表凶惡；廣東鬼王則非常高大，一般有十幾尺高，而且一手執筆一手拿簿。[12]

廖志協表示：「除了海陸豐大士王，未曾在虎地坳出現，但其他大士王，都已經在虎地坳出現，如果將來有水上人參與，要我們做水陸法會，那就全中國的大士王都曾經在這裡做齊。我們村的大士王與其他村不同，是重新設計的，營造得較為卡通一些，其他的大士王樣貌非常凶惡。」

大士王

大祭幽與小祭幽

　　據呂祖先師廟壇主江有財道長描述，祭幽有分小祭幽與大祭幽。儀式之初是蠅繩，然後去朝拜，有神位的地方都需要朝拜，拜祭通知祖先做事，朝畢依掏拔息，然後就破地獄，翌日回來祭幽，善信會放他們的祭品來到這個地方，沿著大士王就祭祖先，所以屆時會在這裡祭幽。進行小祭幽期間會誦經，然後朝聖。誦經方面，會誦幽歌，而且有分很多種，有些適合梧桐河的就在梧桐河做，屠房也有一本，根據

祭幽儀式

其他歌書去做，每一道都有不同的歌書。小祭幽完結後便要依隨地形繞圈然後進行大祭幽，大祭幽會在上水屠房附近舉行，然後會經歷誦經、拜祭、焚燒鬼神，再誦經，然後回到本村。

註釋

1 https://www.aab.gov.hk/filemanager/aab/common/historicbuilding/
   photo/940_Photo.pdf

2 黎志添、游子安、吳真:《香港道教——歷史源流及其現代轉型》(香
   港:中華書局(香港)有限公司,2010 年 4 月),頁 14 至 15。

3 施志明:《本土論俗——新界華人傳統風俗》(香港:中華書局(香港)
   有限公司,2016 年 11 月),頁 233 至 234。

4 黎志添、游子安、吳真:《香港道教——歷史源流及其現代轉型》(香
   港:中華書局(香港)有限公司,2010 年 4 月),頁 15。

5 〈開命啦!上水虎地坳呂祖廟——香港廟宇名冊〉,網址:
   http://www.openlife.com.hk/%E9%A6%99%E6%B8%AF%E5%BB%9F
   %E5%AE%87%E5%90%8D%E5%86%8A/%E4%B8%8A%E6%B0%
   B4%E8%99%8E%E5%9C%B0%E5%9D%B3%E5%91%82%E7%A5
   %96%E5%BB%9F 。閱讀日期:2017 年 7 月 19 日。

6 山野樂逍遙:〈虎地坳呂祖廟重光祈福〉,網址:
   http://www.hkhikers.com/Fu%20Tei%20Au%20temple%20event.htm,
   閱讀日期:2017 年 7 月 19 日。

7 同上註。

8 〈鄭漢春口述歷史〉,香港路德會虎地坳村文化復育計劃,網址:
   https://www.ftaculturalproject.org.hk/index.php/zh/tw-oral-history-
   interviews。閱讀日期:2023 年 1 月 1 日。

9 〈廖志協及陳耀安口述歷史〉,香港路德會虎地坳村文化復育計劃,
   網址:https://www.ftaculturalproject.org.hk/index.php/zh/tw-oral-
   history-interviews。閱讀日期:2023 年 1 月 1 日。

10 陳蒨:《潮籍盂蘭勝會:非物質文化遺產、集體回憶與身份認同》(香
   港:中華書局(香港)有限公司,2015 年 12 月),頁 33。

11《香港盂蘭夜話》(香港:超媒體出版有限公司,2015 年),頁 18。

12 同上註。

第三章

虎地坳附近的河道工程

（一）命名「印度河」——印度測繪局與新界測量

自 1841 年英國強佔香港島後，陸續於 1860 年強佔九龍半島，及於 1898 年強租界限街以北、深圳河以南的土地（即「新界」）。1899 年，英國從印度借調兩名測量師來香港，統籌新界的土地測量工作，分別是塔特（George Passman Tate, 1856-?）與紐蘭（W. J. Newland, ?-?）。

英國最早於 1800 年在南印度推行科學測量。[1] 19 世紀開展的測量工作與經濟利益密不可分，並集中繪製土地稅收的地圖，純粹的地形測量通常局限於人煙稀少的地區——土地稅收的地圖並不涵蓋未被開墾土地的地形，也沒有試圖通過全面的地形測量覆蓋整個印度，因此地圖中不少位置為留空。[2] 1860 年之後不久，當局開始定期僱用專業測量員進行跨界勘探——這些測量員通過偽裝穿越邊境山區向北滲透，並帶回西藏和其他鮮為人知的測量資料。[3]

印度測繪局（The Survey of India，又稱為「Indian Survey」）由孟加拉第一任總測量師詹姆斯·倫內爾（James Rennell, 1742-1830）成立於 1767 年，該局的主要工作包括測量整個印度次大陸的土地，倫內爾的作品包括 1781 年《孟加拉地圖集》（*A Bengal Atlas*）、1788 年《莫臥兒帝國》（*The Mogul empire*），及 1782 年《印度斯坦地圖回憶錄》（*Memoir of a map of Hindoostan*）——以後者為例，這張地圖有助英國統治者想像他們未來的財產，是英國對印度形象的第一個綜合視覺表現。[4] 印度測繪局亦於 1802 年開展了大三角測量（Great Trigonometrical Survey, GTS），以精準測量印度次大陸的所有土地，包括確定喜馬拉雅峰的高度、西藏邊境線等。

印度測繪局亦會派出測量師到其他英國領地工作，如阿拉伯、美索不達米亞、波斯、阿富汗、突厥斯坦，及非洲的東非英德邊界、馬拉維（Malawi）。[5] 印度測繪局助理副總監（Sub-assistant Superintendent）伊瑪目・謝里夫（Imam Sharif）便曾參與東非英德劃界隊任務，並於 1893 年回到印度——他更獲當地英籍長官表彰其作為地形測量員的功勞，獲頒桑給巴爾蘇丹國的勳章。[6]

這次兩個來港的測量師中，紐蘭的可考資料並不多，塔特則有多本著作。塔特是皇家地理學會會士（Fellow of Royal Geographical Society, F. R. G. S）、皇家亞洲學會會員（Member of Royal Asiatic Society, M. R. A. S.）及孟加拉亞洲學會（Asiatic Society of Bengal）會員。

根據他在《俾路支斯坦的邊界：在波斯和阿富汗的邊界上旅行》的自述，塔特曾任印度測繪局的助理總監（Assistant Superintendent of the Surveyor General of India），並被派往

阿富汗進行重要測量，例如於 1895 至 1896 年擔任「巴魯支斯坦—阿富汗」邊界委員會（Baluch-Afghan Boundary Commission）成員，和 1903 年至 1905 年擔任錫斯坦仲裁團（Seistan Arbitration Commission）成員。[7]

塔特於 1899 年至 1902 年，被派往中國及緬甸，他應在這段時間到香港工作，並發表了兩份測量報告。[8] 塔特初到香港時，建議使用區塊系統（block system of division），每張地圖代表一塊地方；香港工務司則推薦了筲箕灣和香港仔的寮屋登記地圖，協助塔特了解香港華人的土地所有權登記。[9]

塔特團隊抵港不久，便開始在「新九龍」[10] 進行測量，包括九個「測量約份」（Survey District）共三十九張地圖；至於在新界進行測量，則通過在新界招募本地標界員接受培訓，在實地測量時陪同印度測量員工作。塔特最初是使用印度測量常用的十六英吋比一英哩（1：3960）的比例繪畫，但到了 1901 年才發現這個比例尺未能準確反映建築地、耕地，而改為三十二英吋至一英里（1：1980）。[11]

這次測量有不少印度而來的測量員病故，最終令塔特從印度增派 30 名測量員到港，他更稱：「這是我職業生涯遇過最困難的測量工作。」[12] 今天位於香港黃大仙區與沙田區（新九龍與新界的邊界）的「大老山」，其英文名稱為「Tate's Cairn」，便是以塔特的名稱命名；位於大埔區的觀音峒，其

英文名稱為「Mount Newland」,便是以紐蘭的名稱命名。

　　最終,新界和新九龍分別共劃分為 477 個「丈量約份」(Demarcation District)。

　　至於現時深圳河(Sham Chun River)以南,各條以印度河流命名的本地河川,最早於 1937 年的香港地圖便有記載,包括:[13]

表 4:

最初英文官方名稱	名稱翻譯	1975 年後的中文名稱
River Indus	印度河	梧桐河
River Ganges	恆河	平原河
River Chenab	傑納布河	軍地河
River Thelum	塞倫河	丹山河
River Beas	比亞斯河	雙魚河
River Sutlej	薩特萊傑河	石上河

　　不過現時並未有具體記錄反映以印度的河流名稱,命名香港河流的原因。上述河流的英文名稱直至 1975 年仍沿用,政府後來已加上了中文名稱及其英文拼音。[14]然而,近日渠務署全面更新了這些資訊牌,這些印度河流的名稱悄然消失。

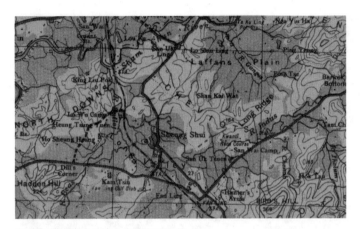

澳洲國立大學藏 1945 年的香港地圖[15]

過去梧桐河附近政府渠務署的資訊牌

現時梧桐河附近政府渠務署的資訊牌

（二）梧桐河河道整治

梧桐河（現稱：Ng Tung River）原名鳳溪，有說河水自龍山而出，故曰「鳳溪」。[16] 梧桐河是香港新界北區主要河道，多年來為附近農地帶來了肥沃的土壤。該河流經上水和粉嶺北面，此河流由紅花嶺及禾徑山等多條山溪流至萬屋邊一帶，再經萊洞、馬尾下、橫嶺、軍地流至小坑村，之後河段

1960 年代的梧桐河堤壩，可見「石陂頭」碑

河道變寬，流經龍躍頭、烏鴉落陽至上水北部，最後在上水
屠房附近與石上河組成一個三角區，在羅湖與深圳河匯合。

　　最早可考的河道整治，始於清雍正年間以岩石堆砌長
八丈、高兩丈，建於梧桐河下游的「石陂頭」;「石陂頭」在
1949 年以三合土陂壆，至 1954 年被洪水摧毀，1957 年獲新
界民政署長及大埔理民官、工程兵協助，居民提供人力，最
終成功重修。[17]

1960 年代的整治工作 —— 深圳計劃

受惠於梧桐河河水充足，附近農田作物連年豐收，唯每逢兩季，梧桐河一帶時有泛濫。及至 1960 年代，香港人口急劇增加、工商業發展繁盛，令香港缺水情況嚴重。1960年，政府因應旱災、全港缺乏食水之際，決定於梧桐河興建小型抽水機及臨時堤壩，將水輸往大欖涌水塘，解決水資源問題。[18]

上水火車路附近的梧桐河抽水站

　　1963 年，香港出現最嚴重的水荒，全港水塘存水僅約
43 天食用，政府遂斥資 2400 萬，啟動「泵取梧桐河水計
劃」，抽取梧桐河夏季的多餘水量，輸入水塘予以儲存，增
加食水 58 億加侖，供市民食用。

　　該計劃包括在梧桐河一帶興建永久抽水站、尼龍水壩、
並鋪設兩條大型水管，駁通大欖涌水塘，多餘的水可用於讓

1967 年落成的梧桐河泵房

上水居民農田灌溉之用，由負責船灣海淡水湖計劃工程顧問行賓尼組合公司負責設計。輸水管工程由羅湖附近之舊泵房由梧桐河石排頭，沿著鐵路線鋪砌，至大埔頭，由三家建造商建築：由石排頭至上水火車站，由華益公司承建；由上水火車站到大埔，則由華聯公司承建。是次工程原因主要為香港提供 80 億侖的食水，分三期進行，預計三年內完成。[19]

1967 年落成的梧桐河泵房附近有香港罕見的電燈柱

柏立基總督關懷食水
巡視梧桐河抽水計劃

香港總督柏立基爵士巡視梧桐河抽水站

政府央撥歟施工
汲取梧桐河河水
年獲食水量八十五億加侖
預算工程費二千四百萬元

政府決定撥款在梧桐河抽水計劃，為本港增加 85 億加侖食水量，議案通過後，時任港督柏立基不足數日便與時任工務司鄔勵德親臨梧桐河視察。[20]

汲取梧桐河河水
加緊安裝水管中
預定雨季降臨時全部完成
估計可汲河水八十億加侖

【本報訊】政府為增加水源，特進行一項汲取梧桐河河水之計劃。此項計劃業已順利進行中，由本月起，由水務當局派出工人，將近萬呎之大水管，沿九龍車路敷設，並進行此項工程，本可減少雨季時梧桐河水泛濫。附近上水各公路，並在該處進行擺建一株附近沿路敷設之鐵喉……

按梧桐河（前稱粉嶺河），位於上水邊境附近，河水無法流通……

冷前鋒南來影响
又得雨逾吋
梧桐河計劃本月底完成
羅湖泵水站已開始輪水

【本報訊】……

對興建中工程的詳細報道。21

尼龍水壩

1965年，位於羅湖車站附近的第三座尼龍水壩建成啟用，工程費用達卅萬元。尼龍水壩具有伸縮及膨漲性，可自動升降，當遇到雨季河水泛濫時，則可將空氣抽出，全壩自動降低，使河水能夠輸送到水塘，不致有嚴重水災發生。重要的是，尼龍水壩不易受到侵蝕，可用五十年之久。

當時對尼龍水壩的報道 [22]

汲取梧桐河水受質疑

1964 年，曾有市民質疑梧桐河水不潔，為居民供水極為不妥——上水站附近有數間牛皮廠，而牛皮製作過程將會釋放大量化學物，廠方將惡臭污水直接傾倒在梧桐河；加上上水墟有一大化糞池，水的顏色如墨水一樣。當地區泛濫，這些水都會和河融合一起，當地食水衛生令人擔憂。而報章編輯亦補充，去年（1963 年）大埔理民府曾派員到上水各村訪問，並答允設法將該廠遷移，但過了一個月仍未見搬遷，惡臭問題如故。可惜居民持續反對，亦改變不了梧桐河水源污染問題，到 1980 年代初仍然有當地居民向政府投訴梧桐河受到嚴重人為污染，可見政府對河水污染者缺乏監管。

有關梧桐河水源受污染之爭議[23]

1970 年代梧桐河河水情況

1970 年代前，梧桐河河水混濁，周圍佈滿垃圾、河裡更是用於堆放糞便的地方，臭氣熏天。從首篇報道可見，一些不負責任的飼養主在梧桐河下的石坡頭養鴨，並將鴨糞混入河內，使部分河水濁臭不堪。當時河水是供給全香港的市民飲用，所以港人亦會受到這些河水影響。長春會則曾經在 1971 年巡視梧桐河畔附近地區，發現積聚了大量垃圾，但一個月後仍未清理。

不同年代的人都對梧桐河有所污染。[24]

上水圍北面一個池塘淹浸旁邊土地，村民就在泥地上搭起養鴨棚。

上水村民在梧桐河飼養的鴨群

梧桐河大掃除歷三個月

清理垃圾四百公噸

河道衞生環境煥然一新

【本報訊】新界北區區職員最近連同住展受污染地點的梧桐河沿河道，以及居民大提樽排水渠清理垃圾匯工作；昨日在會議上就歷三個月以來，新界市政總署在近三個月間，約共清理出四個多月，約共清理出今次的大提樽清理行動，為居民提供清潔衞生的環境。

一九七零年以來的清理，他並促請村民加倍對衞生。廖氏並希望鄉村地方利用政府提供資源，狀況利用大規模清除用個別村。大件雜物及戶灶傢具用理工局常成功，他因此將所有雜物及戶灶傢具及垃圾收集站設置，為將垃圾收集站設置。

梧桐河全長二十四平米，流經新界上水大步多名職員人員，利用滑膠玻璃樽排水渠渠。

保持河道清潔的實任，因為政府原所作的努力，倡議缺乏居民的大力支持，是不會獲得成功的。

北區衞生運動諮詢委

學童投訴梧桐河污染

希活應邀主持講座

介紹新界市政署改善措施

【本報訊】首局在本星期內，先後為築架山學校六百多名學童，安排一項講座以及參觀一個圖片展覽，介紹政府如何在新界地區推行各項潔淨及植樹工作，保持香港清潔及綠化。

新界市政總署長希活，於本週邀請前住該校為校內約一百名學生主持上述講座。該署署長希活作圖片展覽，透過演講及圖片展覽，提供學童更可了解目前新界市政總署樓在各新市鎮，改善環境衞生工作，如何推行綠化計劃，為保持香港清潔及綠化的環境，以及希望他們將清潔訊息帶返學校，一項以清潔香港為主題的繪畫比賽，亦將在稍後舉行。

為澈底應邀前住該校為校內的一百各學生主持上述講座。該署署長希活於上週初應邀前住該校各界善衞生各處善建築場、公園及休閒地點種植樹木，使環境清潔美化，綠化美化各處新市鎮。

在該項為時約二十分鐘的講座及講話中，希活將詳細向各學生講述新界地區的河流污染，主要是因何污染問題，主要是因河道附近滿佈的養豬場或養禽的農場，若干經營農場之人士不守公德，隨意將農業廢料棄置入河道中。

為解決河流污染問題，政府各有關部門已分別採適當改善措施。在築架山學校校長的協助下，新界市政署衞生教育組更在本星期內，在該校禮堂舉辦一個

政府積極清理梧桐河附近的垃圾，使河道潔淨。25

五十間硝皮廠
將遷離梧桐河區

【本報訊】五十間的皮廠將遷離新界梧桐河區。

政府最近已作出此決定，並已積極依照各項程序辦理中。實際行動，將在一兩月內展開。

此避免郊區受損壞及污染河水之建設性行動，乃大埔民政署官員向鄉事會披露。

據說，政府有意將硝皮廠拆卸，將使彼等遷皮廠將遷離新界梧桐河區。

社可厭惡之工業區，極可能係葵涌。

鄉事會對政府此舉表示歡迎，但希望政府盡早辦理。

新界北區梧桐河嚴重污染
展開大規模清理
約需四個月始能完成

【本報訊】為配合對梧桐河進行大規模清理，政府共派出二十四名漁農處人員，新界北區行動組四次，保安隊的消防員，進行二百二十五十，在一九七七年的大規模清理行動中，新界市橫清理行動中，新界市個工作日之久。

政府最近已作出此決定，梧桐河流經新界北部，約二萬五千米，為較受到污染的河流。新界市政署最近計劃五十多部軍車，進行為期五十多個工作日之久。

在本（七）月初決議開始全部清理工作。截至九月底為止，清理河道工作可望在年前完成，以達成改善環境衛生，坑至碳城之一段河道。

示：清理梧桐河道時在政府工作人員和新界村民合作之下，展開之間的一段河道，由山谷梧桐河經常氾濫引致圍困各種垃圾與廢料所污染，村民、義民和農田的各種需要人們所致，今次清理行動，使河道中污染物和野生植物等等，廠物和新村民居住的自一九七七年以來，在

政府共派出二十四名人員，新界北區，進行二百二十五十

政府積極清理梧桐河附近的垃圾，使河道潔淨。26

自 1971 年開始，政府大力改善梧桐河衛生情況。包括，為避免郊區受損壞及河水受污染，將五十間硝皮場拆卸，並遷到葵涌工業區。而且，80 年代是清潔香港運動大力推展，當局派出五十多名潔淨人員及清潔車，進行清理工作。而報道指出，大型清潔梧桐河運動，自 1977 年以來已是第四次，反映梧桐河河長期被居民和農民污染，要不斷清理，才能使其煥然一新，最終花了三個多月才能完成潔淨工作。

公民教育方面，時任北區清潔香港運動委員會主席廖正亮表示，希望居民善用政府提供的農業廢料收集服務，並將雜物和家居雜物搬到垃圾收集站棄置。可見，當時的地方領袖想教育北區居民有公民意識，並以潔淨自己地方環境，提高對地方的歸屬感。再者，新界市政署亦有向學童講述新界地區的河流和溪澗污染問題，並舉辦展覽會，使學童充分了解新界市政署如何執行改善環境衛生的工作。

1980 年代的整治工作

雖然港府自 1960 年代，分別進行了深圳計劃、尼龍水壩、擴闊沙塘陂等河道整治工作，但是仍未能根治豪雨所引發的水災。因此港府於 80 年代，利用各種方法，致力解決水患問題。

豪雨成災低窪如汪洋

村民紛疏散

梧桐河泛濫山洪沖去一男子
消防車出動救援受淹浸災民

（特訊）昨晨防沱大雨，使新界各區農作物受到嚴重的損害，低窪農作物受到嚴重淹浸。遇這連雨小時餘，便新界各區農作物受到嚴重淹浸，以港界上水區一帶最為嚴重，在上午十時，梧桐河水泛濫，如汪洋奔騰，河水高漲，拳山村及上水村一帶均汪洋呈現。

據彭奧琪稱：在昨晨九時頃至十時雨務益烈，以梧桐河水最漲，山洪四溢，不少遷徙於田野上之各村臨時居字舍民亡於此時，以小舟不少居民被困屋宇內，情況甚為危急。

上水消防局曾出動三輛救援車輛前往天平山村梧桐河沿岸，協助當地居民疏散脫險。

據說，天平山村有一男子被山洪沖走失蹤，料已凶多吉少。另有一男子則幸亡命抓緊樹幹，大呼救援，卒由消防員搶救出險。

大埔九龍坑、粉嶺掃坑一帶亦省河水泛濫，跨林村河谷之行人路被沖斷。至於農作物受損程度如何，仍須待日後調查才能清查。惟瓜菜作物除堅菜外，均受影響。（木）

當局計劃疏濬梧桐河

防山洪泛濫

研究上水發展確定解決方法
石上河雙魚河亦須考慮疏濬

已草成預算 須耗七百萬

（特訊）當局於最近一次會議時，鑒於上水村及附近低窪地區，每逢豪雨山洪便氾發生泛濫情況，對此問題會加以研究，並慎重考慮，以加強應付及謀求妥善之解決。在正常情況下，須於抽水站附近，設置跨越梧桐河之水泵，務求於正常情況下，不致發生泛濫。

由於此問題關係複雜，故須從速詳細研究，以確定解決方法。

二、須進行某些土木工程研究工作，然後建築派派重建，防止上水泛濫。此外，正研究上水區與附近低窪地區內之積水排洩出水，位於此跨越梧桐河之水泵，以須建一座小橋，正研究上水區域之土程。

此外，並須慮任何人士不願再在梧桐河進行計劃，擬疏濬梧桐河工程，有關方面已草擬一耗資七百萬元之疏濬梧桐河。此外，位於此跨越梧桐河抽水站之石上河及雙魚河，工程包括在梧桐河抽水站至雙魚河一段之疏濬工程，並須於梧桐河流域第三十區縣一段河流末端與梧桐河抽水站之間，應即加以改建。（木）

豪雨成災低窪如汪洋村民紛疏散、當局計劃疏濬梧桐河防山洪泛濫。27

　　直到 1980 年代，港府計劃根治梧桐河水浸問題。1979
年，港府擬出七百萬港元預算，用於疏濬梧桐河抽水站至羅
湖一段的梧桐河。當局曾調查九廣鐵路橋底回流之河水，所
產生的影響，尤其需要著重梧桐河抽水站旁的鐵路橋樑，在
鋪設雙軌鐵路時，將鐵路的橋樑重建。其次，亦重建上水污
水處理廠內的三條土小橋，並禁止在泛濫區內興建魚塘。

解決梧桐河泛濫問題的報道。[28]

　　1983 年，港府計劃於下半年動工疏導上水梧桐河及石上河，鞏固石上河的堤岸，同時將河的末端向北延長。而且會在 1984 年，完成梧桐河清理河床及擴闊兩邊堤岸工程。

　　1989 年，拓展署向北區區議會提交顧問報告，名為《新界東北發展 —— 粉嶺、上水及腹地主要渠道》，計劃動用九億五千萬，改善梧桐河流域環境。此舉可為鄉郊社區提供主要排放污水系統，並建立截水庫，系統能每天處理二萬至四萬立方米污水。[29]

　　此外，港府同年耗資二千萬元，完成自動防洪系統。自此，築堤與梧桐河水浸區隔離水位高漲即抽水，設施會隨水位升降操作，泵水站有後備發電機。報道更指出系統可免受梧桐河，因水位高漲而發生的泛濫問題。此防洪系統由多個政府部門共同負責維修保養，包括土木工程署、機電工程署、區域市政總署、建築署、政務處等，由土木工程署全面統籌系統操作。

1990 至 2000 年代的整治工作

　　1997 年，政府拓展署建議在梧桐河盆地進行全面的河道治理工程，紓緩水浸問題。經過與鄉事委員會、北區臨時區議會和環保組織等討論後，1999 年以近六億港元，正式展開工程，名為上梧桐河河道治理工程。工程需要擴闊、挖深和

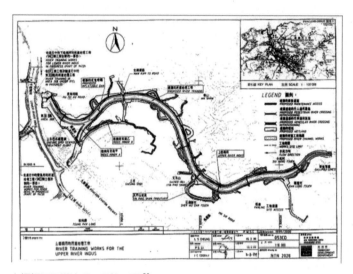

上梧桐河河道治理工程施工圖 [30]

重建上梧桐河和有關的支流、過河行車橋及灌溉水閘，並更改河道、築建維修通路；更包括紓減環境影響措施，如環境美化工程和在河曲補闢濕地。[31] 直至 2003 年，工程約在六年後竣工，河道得以拉直及擴闊，並且將河堤加高及重置受工程影響的原有設施，包括十二條過河橋樑。[32]

　　北區過往遭受嚴重水浸的地方，如虎地坳、洪橋新村、上水華山、天平山村、石湖新村、馬屎埔村、小坑村等都得到紓緩。

註釋

1　G. F. Heaney. The Survey of India Since the Second World War. The Geographical Journal, Sep., 1952, Vol. 118, No. 3, pp. 280-293.

2　同上註。

3　同上註。

4　Tarun Kumar Mondal. Mapping India since 1767: transformation from colonial to postcolonial image. Miscellanea Geographica– Regional Studies on development, 2019, Vol. 23, No. 4, pp. 210-214.

5　G. F. Heaney. The Survey of India Since the Second World War. The Geographical Journal, Sep., 1952, Vol. 118, No. 3, pp. 280-293.

6　C. E. D. Black. The Survey of India, 1892-93. The Geographical Journal , Jul., 1894, Vol. 4, No. 1, pp. 31-33.

7　G. P. Tate. The frontiers of Balochistan: travels on the borders of Persia and Afghanistan. London: Witherby & Co., 1909.

8　Appendix No.2, Report on the Survey of the New Territory, At the close of the Field Season of 1900-01-15th July,1901 by Geo. P. Tate, The Hong Kong Government Gazette, 2nd May, 1902. Hong Kong: Hong Kong Government, 1902.

Government Notification No.264, Report on the New Territory, Survey Report by Mr Tate, For the Year 1901, The Hong Kong Government Gazette, 2nd May, 1902. Hong Kong: Hong Kong Government, 1902.

9　Tate. New Territory Survey - Forwarding Remarks and Suggestions. Record reference: HKRS 58-1-14-35. Original Reference Number: CSO 404/1899 EXTENSION. 15 November 1899 - 23 February 1900.

10 政府在 1937 年起刊憲將界限街以北至獅子山之南這些原屬新界的平坦土地，劃作市區用地發展，並統稱「新九龍」，以便和界限街以南原有的「舊九龍」區別。

11 The Survey and Registration of Land in the New Territories. Miscellaneous Official Papers relating to survey and registration land in the New Territories. Record reference: HKRS 178-1-67. 15

November 1899 - 23 February 1900. pp. 2-4.

12 同上註。

13 香港政府地政總署：《來源不明的 1937 年香港地圖》，網址：https://hkmaps.hk/map.html?1937。閱讀日期：2023 年 1 月 1 日。

14 香港政府地政總署：《1975 年香港政府工務司署地政測量處繪製地圖》，網址：https://hkmaps.hk/map.html?1975。閱讀日期：2023 年 1 月 1 日。

15 香港政府地政總署：《澳洲國立大學藏 1945 年香港地圖》，網址：https://hkmaps.hk/map.html?1945.2。閱讀日期：2023 年 1 月 1 日。

16 《活化梧桐河和雙魚河研究研究報告初稿》，2018 年 12 月，北區區議會北區房屋及城市規劃工作小組，資料文件第 1/2019 號，2019 年 1 月 7 日。

17 〈新界上水村，石陂頭重建落成〉，《華僑日報》，1957 年 5 月 17 日。

18 〈政府決撥款施工汲取梧桐河河水年獲食水量八十五億加侖預算工程費二千四百萬元〉，《工商晚報》，1963 年 10 月 2 日。

19 〈柏立基總督關懷食水巡視梧桐河抽水計劃〉，《華僑日報》，1963 年 10 月 4 日。及〈政府決撥款施工汲取梧桐河河水年獲食水量八十五億加侖預算工程費二千四百萬元〉，《工商晚報》，1963 年 10 月 2 日。及〈泵汲梧桐河工程〉，《華僑日報》，1964 年 3 月 27 日。

20 〈柏立基總督關懷食水巡視梧桐河抽水計劃〉，《華僑日報》，1963 年 10 月 4 日。及〈政府決撥款施工汲取梧桐河河水年獲食水量八十五億加侖預算工程費二千四百萬元〉，《工商晚報》，1963 年 10 月 2 日。

21 〈汲取梧桐河河水加緊安裝水管中〉，《工商晚報》，1964 年 3 月 3 日。及〈冷前峰南來影響，又得雨逾吋，梧桐河計劃本月底完成，羅湖泵水站已開始輸水〉，《工商晚報》，1964 年 5 月 11 日。

22 〈第三座尼龍水壩〉，《華僑日報》，1965 年 11 月 16 日。

23 〈吸取梧桐河水〉，《華僑日報》，1964 年 3 月 28 日。

24 〈下游河邊有人養鴨　梧桐河水濁臭鴨糞連同河水汲入大欖涌水塘〉，《香港工商日報》，1963 年 10 月 27 日。及〈梧桐河畔垃圾仍未移去〉，《工商晚報》，1971 年 3 月 2 日。

25 〈梧桐河大掃除歷三個月清理垃圾四百公噸河道衛生環境煥然一新〉，《香港工商日報》，1982 年 10 月 10 日。及〈學童投訴梧桐河污染希

活應邀主持講座介紹市政署改善措施〉,《香港工商日報》,1984 年 2 月 12 日。

26 〈五十間硝皮廠將遷離梧桐河〉,《工商晚報》,1971 年 3 月 6 日。及〈新界北區梧桐河嚴重污染展開大規模清理約需四個月始能完成〉,《香港工商日報》,1982 年 7 月 26 日。

27 〈豪雨成災低窪如汪洋村民紛疏散〉,《華僑日報》,1975 年 5 月 18 日。

28 〈當局計劃疏濬梧桐河防山洪泛濫〉,《華僑日報》,1979 年 5 月 6 日。及〈減輕新界北部雨季水浸港府計劃不久動工疏導梧桐石上河〉,《華僑日報》,1983 年 4 月 28 日。及〈拓署向北區議會提顧問報告計劃動用九億五千萬改善梧桐河流域環境〉,《華僑日報》,1989 年 5 月 10 日。及〈建自動防洪系統竣工上水圍今後可免泛濫〉,《華僑日報》,1989 年 8 月 1 日。

29 「新界東北發展」是港英政府於 1990 年代起研究發展新界東北成 新市鎮。

30 〈財務委員會工務小組委員會討論文件 1999 年 4 月 28 日〉,會議文件編號:PWSC(1999-2000)12,1999 年 4 月 28 日,網址:http://www.legco.gov.hk/yr98-99/chinese/fc/pwsc/papers/pw120512.pdf。閱讀日期:2023 年 1 月 1 日。

31 同上註。

32 〈新界北區主要河道治理工程竣工〉,《新聞公報》,2003 年 9 月 17 日。

第四章

虎地坳與戰後新界農業發展

今日的香港是一個已經遠離農業的城市，身邊也不易找到一個從事農業的人，年輕一輩甚至也未見過稻米和稻田。現時大眾對新界農場的概念，就是周末到那裡玩樂的有機農場，翻翻田、餵餵山羊、摘摘士多啤梨。大家也很難想像新界曾經到處是農村和農田，元朗、上水一帶廣闊的稻穗，蜿蜒的阡陌，各山頭那些可媲美雲南般如畫的梯田上生產的絲苗能銷至歐美。

本節作者黎鈞豪將帶大家回到戰後的新界，集中講述戰後新界的農業發展情況，再探討新界神秘村落——虎地坳居民的農業生產和出口。

（一）新界土地與戰前農業發展

說到農業，自然離不開土地。1898 年，英國與清政府簽訂《展拓香港界址專條》，英方向中方強租新界 99 年，此時英國的首要工作便是把整個新界的土地丈量，以便釐清土地擁有權，來徵收地稅。英國派出當時的輔政司駱克（1858-1937，James Haldane Stewart Lockhart）到新界進行調查，他發現大清的土地制度有重大問題，不能沿用，例如同一塊土地有數個家庭拿出地契聲稱是他們擁有、新安縣的田冊裡登記的人名已去世等。[1]

　　新界的原居民通常分為本地和客家，前者在唐、宋時期遷到新界，後者則在清初遷界之後遷入。本地人居住在新界久遠，擁有新界大部分平原，如元朗、上水一帶，他們的土地由朝廷賞賜或購買得來，而且向知縣登記的人名已是去世多年的人，他們的後人憑「紅契」證明他們擁有「地骨權」，即「永業權」，他們不用親自耕種，並租出土地的「地皮權」予佃農，收取白銀或米糧的租金，由佃農耕種，這些佃農只有地骨主向他們發出的租約「白契」，並且一直都沒有登記人名在縣的田冊上，而田冊上登記了地骨主地契的土地，往往是比地骨主租予佃農的細小，因此縣府的收入與土地不合比例。[2]

　　1898 年，英國強租新界後，將所有土地變為「官批業權」，原居民本來永遠擁有土地的業權，變成由政府批出有限期的土地承租權。1905 年，港英政府更通過法例，把新界居民的證明永業權的田土文件「土地紅契」沒收，換成「集體官契」，即官批土地承租者的文件。[3] 至於有爭議的土地需由「田土法庭」裁定，自此，不少佃農因地主無法提供土地擁有權的證明，而變成「承批者」，即是「自耕農」，無需再向地主交租而改為向政府交稅，更有利生產。[4]

　　二戰前，新界農業以禾稻為主，仍停留在自給自足的家庭式農業，政府沒有干涉其中。英國強租新界初期，未有專

門負責管理農業的部門和官員,園林監督對香港有發展潛質的農作物和畜類,作調查和研究,包括蔗、菠蘿、乳牛等,但成效不大。另外,園林監督又在粉嶺設立了「園林示範區」,種植外來農作物,鼓勵香港農民種植,但反應冷淡。1930年代,政府意識到新界農業發展的重要,因為新界農業影響到市區的米糧、蔬菜魚肉的供應,更影響著香港的經濟,遂開始籌備建立管理農業的機構,但後來因太平洋戰爭爆發,工作被迫停止。[5]

(二)香港重光後新界的農業政策

戰後政府在輔政司署發展科屬下,設立農務部（Agricultural Department）,主事者是當時的兼任漁政署（Fisheries Department）的香樂思博士（1902-1986, Dr. G. A. C. Herklots）。然而,由於當時政府財政不充裕,兩個部門的職員不多,主要協助恢復新界的漁農業生產。1950年,政府又把農務部、漁政署和林務部合併為農林漁業管理處。合併初年,政策主要為改良生產技術,以增加產量,包括培育和推廣經改良的作物和禽畜品種、研究和推廣實用作物和防治禽畜病和蟲害、設立農業站,向農民推廣改良的種植和飼養方法、與其他部門機構合作改善灌溉供水,與教育署合作進行

農業教育。[6]

　戰後湧入的移民，部分缺乏輕工業技術，他們紛紛到新界重拾耕種本業，但缺乏資金，多選擇生產周期短、一年多造的蔬菜或飼養禽畜，以提高收入，但與新界原居民不同，原居民多種植稻米，他們有較傳統的農民思維，認為稻米能在荒年提供保障。[7]1953 年，剛上任的農林漁業管理處處長布力祺（W. J. Blackie），便著手檢討本港農業狀況及提出建議，翌年提出了《香港農業的報告及政策建議》，最後政府按報告制定出農業政策，包括保育和發展土地，尤其是保持土壤肥力、改良作物和禽畜，提高產量和品質以及防治作物蟲害和禽畜病症。[8]

　1964 年，港英政府把礦業以外的初級產業，全集中至漁農處（Agriculture & Fisheries Department）管理，有關農業的政策亦修改為透過研究、推廣、貸款等提高生產、確保蔬菜統營處有效運作，保障生產者回報等。研究方面，處方經了解農民在生產時遇到的困難後，向農民提供新農耕技術、優良品種，政府亦因此開設多個實驗農場，如青山試驗農場培養優良農作物和禽畜品種、打鼓嶺農場培養旱地作物、大帽山農業試驗站試驗高地作物等。推廣方面，漁農處人員會在農業站與農民交流心得、為農民介紹試驗農場的品種，又印刷小冊子和放映農業技術電影，1953 年開始每年舉辦的農產

品展覽會成為新界年度盛事，除了讓農民獲得最新的農業技術和資訊，還可讓一般市民學習到農業與生活的關係。[9]

另外，鑑於二戰前政府並無插手蔬菜銷售事務，菜農往往被商販和菜欄榨取利潤，有見及此，港英政府於 1946 年成立蔬菜統營處（Vegetable Marketing Organization），負責處理蔬菜收集、運銷、批發的事務，它屬於非牟利性質，令農產品銷售費用能減至最少，令菜農得益，又提供農業發展基金、為農民子弟提供獎學金等。[10]

（三）嘉道理農業輔助會的新界工作

戰後香港經濟以輕工業為最發達，令本來經濟價值不高的農業經營更困難，農民需要獲取支援來維持事業。戰後百廢俱興，港英政府財政不充裕，除了政府在政策上推動農業發展，而農業輔助的機構在推動農業亦有不輕的地位。

農耕的風險大，作物經常受天氣或蟲害影響，農民要生產，先要獲得資金，但面對農作物收成的風險，銀號和銀行往往不願批出貸款，農民唯有進行一種稱為「放穀花」的實物借貸，即是佃農因上年度收成欠佳，向業主或鄰舍賒糧，到農曆六月中的早稻收割時才償還利息達百分之三十至一百的穀物。有見及此，政府於戰後初期，先後設立蔬菜統營處

賀理士・嘉道理銅像（筆者攝）

基金和約瑟信託基金，但只限合作社會員申請，個體農戶未能受惠。[11]

　　戰後新界農業慢慢恢復，同時中國內地有大量移民湧入，嘉道理農業輔助會創辦人之一的諾曼・胡禮（Norman Wright）曾指出，這批難民大部分是農民，他們放棄故鄉，來港謀生，胡禮對這批難民的處境不樂觀，他認為農業輔助能為香港提供穩定的自給自足農產品，更重要是為內地難民延續農耕生活。而羅蘭士・嘉道（1899-1993, Lawrence

農業輔助會教授農民經改良的生產技術（嘉道理農場暨植物園網站）

Kadoorie）和賀理士‧嘉道理（1902-1995, Horace Kadoorie）
兄弟也認為中國人適合從事農耕工作，而當時香港對農產
品需求大增，嘉道理兄弟遂捐出巨款，與胡禮、胡挺生在
1951年成立嘉道理農業輔助會（Kadoorie Agricultural Aid
Assoication），配合政府農業政策，以「助人自助」的信念，
贈送生產工具和設備、優良作物和禽畜品種，扶助貧農和協
助難民自力更生。[12]

　　1955年，嘉道理農業輔助會更設立嘉道理農業貸款基

金，政府亦撥出款項配合運作，個體農戶能夠獲得免息或低息免擔保貸款，不受高利貸剝削，政府更制訂香港法律第1080章《嘉道理農業輔助貸款基金條例》，將貸款由政府管理。然而農業輔助會不是純粹貸款，而是在貸款後給予農戶技術支援和指導，協助他們提高生產來真正改善生活。[13]

1956年，農業輔助會在林村白牛石建立試驗農場——嘉道理農場，繁殖優良作物和禽畜品種，贈予農民，又推介新式農具和耕種方法，提高生產。其實白牛石的農場前身為英資仁記洋行（Gibb, Livingston & Co.）在新界被租借前建立的茶場，因資不抵債而倒閉。

賀理士·嘉道理的一次閒逛，發現這個廢棄茶場，他更發現有橘樹在無人打理下，在高地生長，令他想到能在這裡進行山坡耕種和高地耕種的實驗，為往後開啟了這個實驗農場和農耕示範中心。農場乘地理之便，能夠研究在不同海拔農民會遇到的問題、如何種植各種果樹和蔬菜、飼養各種牲畜，其中由農場成功把美國紐咸西母雞和惠州公雞配種，以農場所在地命名為白牛石雞。[14]

農業輔助會又涉及鄉村的工程，贈送水泥予村民，協助興建小路，並修建農田的灌溉設施，又協助重建荒廢村落。1950-1970年代，該會「KAAA」四個英文字母成為新界農村家傳戶曉的名字。[15]

嘉道理農業輔助會協助鄉村建造的建築物（嘉道理農場暨植物園網站）

　　本章第（五）部分「港大調查的虎地坳留影」介紹了嘉道理農業輔助會對虎地坳的幫助。

（四）新界農業式微與傳承

　　新界農業的興衰變遷與社會發展息息相關。戰後至五十年代，新界仍然以種植稻米為主，但稻米收成期長，農民需

靠副業幫補，戰後香港社會經歷翻天覆地的轉變，令本地收入微薄、自給自足的稻米經濟走向末路，原因大致為內地移民擁入、城市發展、新界人口外流、社會對環境的關注。

首先，戰後內地移民擁入，他們有不少在新界重拾耕種本業，他們缺乏資金，多選擇生產周期短、一年多造的蔬菜或飼養禽畜，以提高收入，他們能以較高價錢租地，地主於是紛紛把禾地租予菜農，而且人口暴增實際上亦對蔬菜造成需求，戰後政府成立農務部的其中一個目的亦正正是為了減少對內地蔬菜的依賴。[16]

再者，面對人口急增，政府在新界開闢多個水塘來滿足食水需求，如大欖涌、石壁、船灣、萬宜水庫，截去了不少農田的水源，[17] 加上戰後香港經濟轉型，政府在六十年代開始在新界收回農地作工業用地或發展新市鎮，農地面積持續萎縮。

另外，戰前新界男子為賺錢而遠赴海外的情況在戰後亦繼續，而本來能夠作為農業替代勞動力的婦女，在戰後獲得接受教育的機會，她們紛紛到市區的工廠工作，除了能擺脫傳統社會觀念的束縛，還能為家庭維持合理的生計。[18]

此外，隨著政府在 1987 年實施禽畜廢物管制計劃，對家禽、豬隻養殖場有更嚴厲的排污要求，加上內地改革開放後，以廉價供應食物，更多農戶交還禽畜養殖牌照。而 1997

年香港爆發禽流感後，在 2005 年和 2008 年先後向家禽農場推出「自願退還牌照計劃」和「結業特惠補助金計劃」，令持牌農場由 192 個減至 29 個。[19] 可見，香港戰後的發展終使新界從農業社會走向工業化和城市化，現時仍見證著這些轉變的，只剩下農村中棄耕後雜草叢生的荒地和流連的牛群。

隨著香港不斷城市化，加上經濟以第三產業為主，農業逐漸式微。香港的城市生活緊張，消閒的地方不多，而休閒農場便成為農業發展的新方向，近年市民熱愛大自然的生活，不少一家大小在周末到新界的休閒農場消遣，採摘生果、餵飼動物、體驗耕作。在城市長大的一代，從沒有接觸過農耕生活，所以他們便希望透過休閒農場，體驗一下農耕生活，讓小孩體驗農夫的辛勞，獲得親手採摘果實的滿足感，餵飼一些在城市不可見的禽畜。而近代興起的有機農場、溫室種植、魚菜共生等新興農場，令農業不再只是生產經濟作物，更轉型為休閒娛樂、生態教育和文物傳承等，並促進農業的可持續發展。

（五）港大調查的虎地坳留影

1962 年，香港大學地理系（Department of Geography and Geology）本科生何惠瑜（HO, Wei-yue, Eva）發表了其本科

報告《上水土地使用的調查報告》[20]，報告主要介紹上水鄉一帶村落的土地使用，並分為多部分：

- 報告一：新豐路、菜園村、上水新村
- 報告二：上水圍、門口村、浦上村
- 報告三：興仁里、大元村、中心村、上北村、下北村
- 報告四：上水圍以外至印度河（River Indus，即梧桐河）的耕地

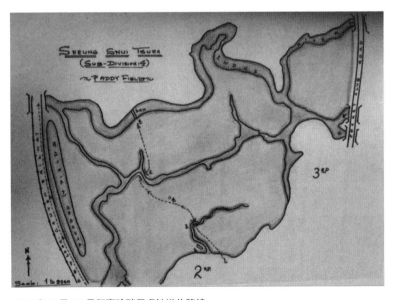

1962 年 7 月 16 日何惠瑜踏足虎地坳的路線

報告四（上水圍以外至印度河的耕地）所指的地方，便是當時虎地坳居民的耕地，這份報告為我們提供了1960年代虎地坳農業情況的一手資料。

何惠瑜的報告顯示她於1962年7月16日踏足虎地坳，首先（第一點）從上水圍北邊的廟宇出發，首先是考察稻田，這條路是從上水圍的邊界穿過一條由石頭和當地泥土砌成的小路，穿過稻田便到達梧桐河。

第一段路的插圖，為上水圍北面的稻田石泥路。

　　沿路前進有一個池塘（第二點），池塘上建有一個鴨舍。何惠瑜推測池塘附近的土地也被梧桐河淹沒，故現在用來飼養鴨子。路的左邊還有另外四塊沼澤地靠近一條小溪，兩三天前的暴雨過後，這條小溪便會溢出河岸了。

　　何惠瑜一直沿著小路走時（第三點），便看到一座小石橋，橋下有一條小溪流過，當地農民稱小溪為稻田灌溉提供所需的水。修建灌溉渠道有助將水從附近的溪流引向稻田。

第二段路的插圖，為上水圍北面一個池塘淹浸旁邊土地，村民就在泥地上搭起養鴨棚。

　　此外，何惠瑜亦遇到一位拿著殺蟲劑噴射器的人，該人稱這件器具是嘉道理農業援助協會的禮物，該會更鼓勵農民採用更好的施肥方法及循證殺蟲劑清除田間害蟲。

　　何惠瑜發現一處奇特的情況（第四點），百多塊稻田中只有一塊地專門用來種植慈姑。這片孤立的慈姑地位於另一個六角形神殿（hexagonal shrine）中，稻田裡的農夫用來割乾草。

第四段路的插圖，為在上水圍北面連綿不斷的稻田間，種植慈姑是罕有的。

　　何惠瑜到達大正河（Tai Ching River），有另一座石橋，橋邊有一些奇特的植物在田間生長——何惠瑜從附近農民得知這是一種叫做辣料（luck liu）的植物，其果實在田野是野生的。農民會收集這些植物並將磨成粉末，當粉末散佈在骯髒的排水溝和泥濘時，可用作蚯蚓的誘餌。

　　稍後何惠瑜在去梧桐河大壩的路上，遇到正在收成的農民，另一些農民則正在耕地播種。她與一位年長的農民交談，據悉雖然種植水稻是上水原居民的主要職業，但現時不少原居民已不再耕植，一是由於成本大，二是缺乏勞動力——近年很多年輕的原居民離開上水到國外工作，導致村內人口減少。現時，當地仍有八十英畝的土地用於耕種。

　　上水的水稻是在稻田種植，那裡有良好的深層沙質土壤，加上灌溉渠供應充足的水源。通常淡水稻可獲得一粒兩熟的水稻。當地農民種植了兩種常見的水稻品種，第一季是花腰（Fa Yiu）和第二季的絲苗（Sze Miu）。

　　第一季水稻（花腰）通常在土地經過徹底的犁耕和耙耕之後播種，即在 3 月 21 日至 4 月 5 日之間；花腰通常在 4 月 5 日至 20 日發芽，7 月 7 日至 23 日收成。花腰的收成期便是絲苗的播種期，幼苗通常於 7 月 23 日至 8 月 23 日移植，收成則於 10 月 23 日至 11 月 23 日——施肥有助於作物收成，幼苗移植一個月後，必須用成熟的糞便和花生餅形式

第五段路的插圖二，為上水圍以北的農民正忙於收割莊稼。

第五段路的插圖三，為上水圍以北的農婦用禾桶打脫穀粒。

的肥料，也需要使用殺蟲劑消滅田間害蟲。

　　農作物在種植百天後即可收成，手工收割農作品相當費力。上水村通常在收成期僱用幫工。一名男性工人每天從早上 8 點工作到下午 5 點，工資為每天 10 港元；一名女性工人的工資則是每天 8.5 港元。農忙的收成期至少需要僱用幫工最少三天。

　　收割莊稼後，農民需要用手將穀物脫粒，並將穀物與稻穀分開，然後把穀物裝進米筐，運到村裡。農民會用簡陋的木製揚谷機，或者通過將穀物拋向空中，讓風吹走外殼來完成分選。

　　之後農民會將稻草捆成一束，在收走之前留在田裡曬一會。秸稈的殘餘物有時會被焚燒，這樣灰燼就會以肥料的形式回到土壤中。然後將整塊地徹底翻耕整地，為第二次播種準備。

　　何惠瑜稱，上水種植的水稻品質優良。一般而言，水稻產量介乎 2.5 至 3 擔（Piculs，1 擔約為 60 公斤）。大部分大米由農民出售，並用於出口目的。本地市場價格為每擔 40 港元，農民只會購買劣質大米自用。

　　何惠瑜了解完水稻種植知識後，便前往梧桐河的石陂堤。石陂堤建在河對岸，這是一種調節河流流量的嘗試，尤其是在雨季；梧桐河更為周邊的田地提供灌溉供水。何惠瑜

第五段路的插圖四，為上水農民將已打脫的穀粒，用籮筐擔到村前的曬穀場去。

第五段路的插圖七，為上水農民將曬乾的禾稈擔進村裡。

第五段路的插圖九，為上水農民於收割後隨即借助耕牛進行犁田整地。

第六段路的插圖一，為上水梧桐河的風貌。

第六段路的插圖二，為上水村民在梧桐河飼養的鴨群。

亦發現虎地坳居民在梧桐河上養了一些鴨子。

　　由於這片土地地勢平坦、地勢低窪，梧桐河往往蜿蜒流過整個河道，在雨季總是很容易淹沒周圍的低窪田地，對當地居民構成威脅。何惠瑜稱這就像是中國黃河的縮影，「上水之愁」或許是對梧桐河的恰當描述。

　　何惠瑜後來到達石陂頭，並提出這個石陂頭的三個功能：蓄水池、向大欖涌水庫供水、排洪。然而，石陂頭對防洪卻未有太大作用，因為將梧桐河引到抽水站的管道太細，無法在在雨季提高水的流動。

第六段路的插圖三，為政府於上水興建一座橫跨梧桐河上的堤壩。

第七段路的插圖一，為九廣鐵路上水段。梧桐河就在此處流向附近的抽水站。

第七段路的插圖二，為位於上水火車路附近的梧桐河抽水站。

（六）虎地坳的生產與出口（口述歷史）

2017 年，我們一行人到虎地坳訪問村民，村長帶我們周圍遊覽，走訪多名村民後，把我們帶到一個工場去看「潛艇」，原來是村民梁貴明的得意之作，現時在村中從事修理行業的明叔，利用工餘時間在工場中的小屋製作了潛水艇和航空母艦的模型，期間為我們娓娓道來他的故事。明叔以前是農戶，年青時跟媽媽務農，長大後才到村外工作，直到

1996 年的明叔，背景的菜田現時為已擴闊的梧桐河（村民梁貴明提供）

九十至千禧年代，政府收回部分農地作梧桐河治理工程，明叔不再從事農業，但憶述昔日的務農趣事仍然津津樂道。

虎地坳農業及畜牧業發展及特色

　　虎地坳曾經有村民從事種植稻米、蔬菜、劍蘭、養殖家禽等一級生產，受到梧桐河治理工程而收回農地，以及政府

1960 年代虎地坳寮屋留影

在禽流感爆發後禁止散養家禽，今日則只有部分村民少量種植以自給自足，昔日規模已不復見，但透過村民的照片和憶述，則為我們建構出昔日的農業景況。

虎地坳居民在六十年代種植稻米，直至約 1976、77 年便全部改種菜，而今日的唯一憑證，就是當時幾家人共用的風櫃，風櫃是一部手動的「吹風機」，米穀收割後需要利用風櫃，把草屑等雜質與米穀分離。

1969 年梧桐河，河上的蜑家船正在捕魚（村民梁貴明提供）

　　以村民明叔為例，他對種植蔬菜頗有心得，他們家按時令種植多種蔬菜，包括枸杞、蕃茄、芥蘭、菜心、生菜、西洋菜、蕹菜、豆角、毛瓜，蔬菜在適合的季節生長以及配合適合的肥料，才有好收成，菜也會更好吃。例如夏天種蕹菜、豆角、毛瓜，冬天種西洋菜和枸杞，村民又會利用豬屎和雞屎，把它們曬乾後作為肥料，而種植枸杞、粟米、蕃茄便需要雞屎，天然肥料種的菜雖然產量較少，但能夠生長得

村民保留在雜物房的風櫃（筆者攝）

好，菜的味道才好。村民又巧妙運用農田，枸杞和蕃茄是同時種植，兩邊種枸杞，中間種蕃茄，枸杞每棵種至四呎多便可收割，兩棵合共重一斤，在七十年代可賺得一元，明叔曾經在灣仔賣枸杞，一小時便賣光。

冬天種的西洋菜，明叔會到大帽山川龍買菜種，他說西洋菜有高地和低地兩種，在水流下游的西洋菜較小，而山頂、山腰的較大，菜莖粗如筆，但吃進口不老、不韌，而且

村民周佛正在利用水牛耙田，拍攝於約 1994 年（村民梁貴明提供）

很爽、很好吃，滾和煲湯也可以，他又說每年只會訂山頂的菜種，不會種的人才會買山下的。高山的西洋菜不能受熱，只能在冬天種，每畝西洋菜需要種植八至十天才能收割，約兩三畝的西洋菜輪流收割便能有固定產量。而西洋菜種植完畢後，便改種豆角和毛瓜，不會讓田地閒置，維持著產量才能維持生活。明叔又談到現時內地的菜種都改變了，生長快而且少害蟲，加上施了含催生劑的化學肥料來加速菜苗生

長，例如西洋菜以他們的一半時間，只需四天便能收割，但煮起來會縮起，吃進口更沒有菜味。以前香港有一種「廿六日芥蘭」，需要種二十六天才能收割，雖然產量低，但是最好吃，兩棵合共有一斤重，需要把「菜衣」撕走，吃白色的心，現時香港只有四家人還有種。

除了種菜，明叔還有在魚塘上搭建的木屋裡養鵝，最多能養二十五隻，母鵝會自行製作巢來孵蛋，平均一窩巢有九隻蛋，當中平均有六隻能孵化，因為鵝身細小，不能哺太多蛋，多出在身體外的蛋，母鵝的毛髮蓋不到便會凍死。而養鵝的小屋不大，多出的小鵝會拿去賣，每隻能賣五十元。明叔憶述養鵝的情況，難掩興奮之情：「養鵝很好玩的，現在也想養。」他又說村民不用養狗來守門口，養鵝便可以，鵝會凶惡地追趕抄電錶、水錶的人，可見牠們對陌生人的警戒。另外，鴨能養一千多隻，因為能把它們放到河道裡自由活動，只要把竹插進河裡，再圍鐵絲網，日間讓鴨在河裡，河岸搭一個棚，晚上讓它們自行走進棚裡。雞則只能養二、三百隻，平時會賣出母雞，做冬、過年時自己則吃已閹割的公雞，因為公雞閹割後體重會增加數倍，而且比母雞更有雞味，只留下最好的公雞用來配種。

明叔談到養豬同樣是津津樂道。明叔稱母豬為「豬婆」，耕田會產生出一些「菜頭菜尾」，可以變成給豬吃的「豬

明叔飼養的鵝（村民梁貴明提供）

餿」，吃「豬餿」的豬很重，約二、三百斤，肉亦較結實。
母豬發情時寢食難安，又走又叫，那時便要打電話把公豬安
排到來，需要付費十元，送公豬來的人用棍把豬公趕進村
中，與母豬交配，若交配成功，只要兩個多月母豬便要生
產，每次能生出八至九隻小豬，明叔便要當「執媽」，把生
出來的小豬撿進籮裡，不然會因為母豬生產時身體會四處擺
動而壓死小豬，生產完畢則把母豬放進較細的籠，讓牠只能

躺下來，讓小豬吃奶，冬天時又會給小豬禾稈草和照著射燈。如果小豬是公豬便要閹割，因為不閹割的公豬的肉是膻的，不能賣，而且閹割後活動減少，體型便增長，才能賣得好價錢。閹割時首先把公豬的後腳抽起，用刀片把生殖器官割下來，然後用煮飯時鑊底燒焦了的「鑊撈」，加水開至糊狀，然後塗上公豬的傷口，否則傷口會發炎。

　　而明叔家的牛在九十年代中老死後便減少耕種，加上政府收回部分土地治理梧桐河，而家禽亦養至約 2006 年禽流感爆發、政府禁止散養家禽之前，現時明叔的媽媽和少部分村民仍會在數畝田種菜，自給自足。

虎地坳觀賞魚養殖業發展及特色

　　據虎地坳村文化復育計劃為鄧氏家庭進行的口述歷史，該家庭在 1960 至 1970 年代經營大型魚類養殖業務——由於初時的家禽養殖情況不理想，他們便選擇轉向觀賞魚養殖業來謀生。當時屋內存放了多個玻璃魚缸，並會以每兩個缸疊成一層的模式有系統地排列在木棚下。每個魚缸最多可飼養多達數百至上千條的紅蓮燈熱帶魚，再在牠們生長成熟後運送到東南亞地區銷售。[21]

　　根據手執香港觀賞魚養殖業牛耳的雷強水族行（Lui Keung Aquarium）歷史介紹可見：「雷先生在 1960 年發明用

氧氣、膠袋及發泡膠模盒包裝法，首創用飛機寄運（脫離原始裝運法用火水罐船運由水客肩負），使觀賞生意迅速擴展至世界各地；1983 年再發明無水寄魚法，為客戶降低空運費及成本。由於時移勢易，新界之魚場地被政府陸續收回，影響至大。」[22] 相信鄧家及其他虎地坳居民興建的水池均有相似背景。

黎家寮屋遺留的其一個方形養殖池

　　後來鄧家在後院砌造了二十多個磚製魚池,並繁殖了多種金魚,包括獅頭、紅劍、黑摩利、珠鱗等品種,繼而分發給通菜街(俗稱「金魚街」)的水族店出售。直到 1970 年代末期,虎地坳周邊的水質污染問題漸趨嚴重,市場需求亦開始減少,最終導致村內的養魚業步向式微,正式結束了鄧太營運近二十年的家族生意。

虎地坳與墟市

　　離虎地坳最近的墟市是上水石湖墟,村民明叔和媽媽以前會把菜、雞、鴨帶到石湖墟賣,因為當時沒有人會走到村中收購,他們會用雞籠擔出去,或踏單車每邊掛一籠。

　　墟市是有固定的墟期,即是逢三、六、九的日子,例如初三是粉嶺聯和墟、初六是上水石湖墟、初九是元朗。當時的石湖墟和龍琛路一帶是墟市,不能行車,墟期時龍琛路上擠滿人,一邊是木屋、菜田,一邊是大廈,在墟上野豬、穿山甲、貓頭鷹也有售,墟市的熱鬧今天已不復見。而豬隻則不是帶到墟市賣,而是有人駕駛貨車到村中收購,即時就地磅重,先給回收據,然後豬隻運至長沙灣屠房出售,在屠房賣出後才給回金錢。

　　沙塘陂是華山村附近村民通往石湖墟的主要捷徑,但當年往返道路狹窄,人車爭路情況經常發生,非常不便。因此

沙塘陂施工 [23]

在 1960 年代，政府批出鉅款，擴闊道路一倍，使附近村民出入可以暢通無阻。

明叔和媽媽等虎地坳居民都是到上水買菜種、買肥料，現時上水石湖墟只剩下「何廣利」和「馬振興」，明叔指「何廣利」有最多菜種，但七、八十年代的菜種都沒有了，現在賣的都是改良了的，由內地運來。

註釋

1　許舒著，林立偉譯：《新界百年史》（香港：中華書局（香港）有限公司，2016 年），頁 65-67。

2　同上，頁 66-69。

3　劉潤和：《新界簡史》（香港：三聯書店（香港）有限公司，1999 年），頁 83-86。

4　饒玖才：《十九及二十世紀的香港漁農業：傳承與轉變（下冊農業）》（香港：郊野公園之友會、天地圖書有限公司，2017 年），頁 225。

5　同上，頁 224-227。

6　同上，頁 226-227。

7　蔡思行：《戰後新界發展史》（香港：中華書局（香港）有限公司，2016 年），頁 49。

8　饒玖才：《十九及二十世紀的香港漁農業：傳承與轉變（下冊農業）》，頁 228-229。

9　同上，頁 232-240。

10　同上，頁 144-146。

11　同上，頁 230、250。

12　蔡思行：《戰後新界發展史》，頁 36-38。

13　同上，頁 45-49。

14　同上，頁 52-56。

15　饒玖才：《十九及二十世紀的香港漁農業：傳承與轉變（下冊農業）》，頁 231。

16　劉潤和：《新界簡史》，頁 125-129。

17　饒玖才：《十九及二十世紀的香港漁農業：傳承與轉變（下冊農業）》，頁 44。

18　許舒著，林立偉譯：《新界百年史》，頁 164-170。

19　饒玖才：《十九及二十世紀的香港漁農業：傳承與轉變（下冊農業）》，頁 177、201。

20　Eva Wei Yue Ho. Reports on the land-use survey of Sheung Shui, sub-division no. 3, Sheung Shui Tsuen. 1962. Not published, HKU Library item.

21 〈漁池屋〉，香港路德會虎地坳村文化復育計劃，網址：https://www.ftaculturalproject.org.hk/index.php/zh/tw-pond-house。閱讀日期：2023 年 1 月 1 日。

22 〈水族傳奇〉，《雷強水族館網站》，網址：http://www.luikeung.com/history/。閱讀日期：2023 年 1 月 1 日。

23 〈華山村通至石湖墟主要捷徑擴闊梧桐河沙塘陂施工〉，《華僑日報》，1966 年 11 月 20 日。

第五章

虎地坳與羅湖磚廠

為了向公眾展示虎地坳的文化歷史，當地居民致力於發掘區內的歷史資源，包括「七彩古井」、刻有「KCR」字樣的獨有紅磚等。本章希望透過研究相關遺址歷史，了解虎地坳與「羅湖磚廠」的關係。

（一）羅湖磚廠與虎地坳

1912 年一份關於新界發展的報告指出：「新界北部有不少供本地使用的青磚廠，這些青磚廠的出口數量不斷增長，但磚塊卻被當成垃圾運往香港島和廣州。現時，兩家主要的磚廠位於深圳河上水附近，每家每月生產約 7.5 萬塊磚。」[1] 可見新界北部很早便有製磚工業。

1923 年 3 月，位於中環皇后大道 54 號的公司代表（Trustee）「Tse Pun Shang」代表「Lo Wu Brick Company」，向政府申請丈量約份圖第 52 號地段 1 號的虎地坳（Fu Ti Au）土地，營運製磚業務，最終雙方同意以公開拍賣的方式競投位虎地坳的官地；文件亦提到「Tse Pun Shang」的兒子為「Tse Ching Fong」。[2] 根據政府賣地條款，投得者須投資 10 萬元經營磚廠（Brickwork），每日須生產不少於 7500 塊磚頭。

同年 12 月，「Tse Pun Shang」再次代表「Lo Wu Brick

憲示第三百三十六號

田土官憲

曉諭凡投地事照得現奉
督憲礼開定於西歷本年十月十七號禮拜三上午十一點半鐘在
大埔田土廳照列後開各段土地批投如左
章程及限一千九百零一年第一百六十八號　憲示內第五欵外
常程地官由十八段得將之後照列各欵章程辦理以七十五年
為期繳費之期由一千八百九十八年七月初一日起期演前定
定實田稅繳批二十四號年平期前三日上等每叚年地稅銀四毫
週知袋此特示

茲將地段影狀列開如下：

第一段鼎錄文量約份第五十一號坐落十名虎地凹照大
埔田土廳圖共計英畝三十六分每年地稅銀一圓八毫
第二段鼎錄文量約份第五十二號地稅銀一圓八毫同
上共計英畝一十七分每年地稅銀九毫
第三段鼎錄文量約份第二十六號坐落土名同上期
圖全上共計英畝二分每年地稅銀一毫
第四段鼎錄文量約份第五十一號地稅銀一毫同
上圖共計英畝五分每年地稅銀三毫
第五段鼎錄文量約份第五十一號地稅銀二十七號坐落土名同上
圖全上共計英畝八分每年地稅銀四毫

第六段鼎錄文量約份第五十二號地段第二十八號坐落土名同
上圖全上共計英畝十二分每年地稅銀六毫
第七段鼎錄文量約份第五十二號地段第四毫
名同上圖全上共計英畝七分每年地稅銀四毫
第八段鼎錄文量約份第五十二號地段第二十
名同上圖全上共計英畝五分每年地稅銀二十一
第九段鼎錄文量約份第五十二號地段第二十二
名上圖全上共計英畝五分每年地稅銀二十
全上圖同上共計英畝十二分每年地稅銀六毫
第十段鼎錄文量約份第五十二號地段第一百八十三號坐落土
名同上圖共計英畝十三分每年地稅銀一圓一毫
第十一段鼎錄文量約份第五十二號地段第一百八十五號坐落
名同上圖全上共計英畝六分每年地稅銀三毫
第十二段鼎錄文量約份第九十三號地段第九十五號坐落土
名同上圖共計英畝五十三分每年地稅銀二圓七毫
第十三段鼎錄文量約份第五十二號地段第六十五號坐落土
名同上圖全上共計英畝一十二分每年地稅銀六毫
第十四段鼎錄文量約份第五十八號地段第六十八號坐落同上
上圖同上共計英畝五分每年地稅銀三毫
第十五段鼎錄文量約份第五十八號地段第六十七號坐落土名同上
圖全上共計英畝三分每年地稅銀一毫
第十六段鼎錄文量約份第八十八號地段第六十二號坐落土名同上
圖全上共計英畝二分每年地稅銀一毫

刊憲的賣地公告

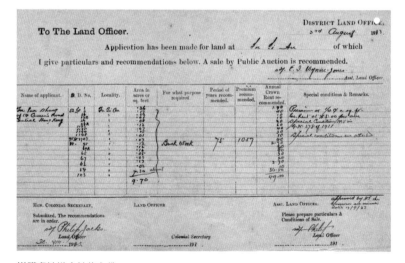

增購虎地坳土地的文件

「Company」增購虎地坳的土地。[3]

此外，1924 年 2 月 28 日的立法會會議上，政府動議一筆七千港元的特別撥款，作為「專供虎地坳磚廠的側線」（Railway Siding for Fu Tai Au Brickworks）之用。[4]

1927 年，駐紮於羅湖的蘇格蘭近衛隊第二營（Second Batt Scots Guards）曾拍攝了一張當地風景。照片可見磚廠和兩枝煙囱，在當時以農耕為主的深圳河南北，磚廠的外觀特別亮眼。

CHANCE FOR SOMEONE.

BRICKWORKS AT FU TI AU.

Eighteen lots of Crown land at Fu Ti Au comprising 9.7 acres are to be auctioned at The District Office, Tai Po, at 11 30 a.m. on October 17.

The lots are to be sold for the term of seventy-five years from the 1st day of July, 1898 with the right of renewal for the further term of 24 years less 3 days at a re-assessed crown rent as brickworks

One of the special conditions laid down is that the purchaser shall within 6 months from the date of sale expend a sum of not less than \$100,000 in the construction of a brickwork on these or adjoining lots capable of turning out not less than 7,500 bricks per diem.

CRICKET.

The following will represent Shameen Sports Club in their match with the Hongkong Cricket Club on Monday next:—H. H. Benson (capt.), P. E. Baskett, S. G. Beare, D. Duncan, H. S. Gordon, S. E. King, F. E. Lammert, V. C. Olive, F. V. Read, J. Rodger and Capt. D. R. Wahl.

The China Mail, 1923-10-06, Page 5

蘇格蘭近衛隊第二營的虎地坳留影

　　根據 1928 年的香港地圖，在深圳河邊境標註了「Lo Wu
Brick Works」；[5] 1939 年日軍繪製的香港軍事地圖，亦於該位
置標註了「羅湖煉瓦製造所」。[6]

　　翻查公司註冊處的資料，一間名為「LO WU BRICK-
WORKS, LIMITED」的私人股份有限公司（公司註冊編號：
958）於 1930 年 9 月 19 日成立。從一則 1935 年 8 月 6 日的
舊報道可見，由司理謝良主理的「羅湖磚廠」——在另一報

新界上水 羅湖磚廠 昨晨被刦
失贜將達二百元

新界上水羅湖磚廠、運來四商務不景、已告停工、祇有夥伴三數人、司理為謝良、六十一歲、昨晨二時四十五分、同在磚廠入睡、忽聞門外犬聲儦吠、於是起床、約同夥伴廊有、出騎樓親察、驚現燈光、似是電筒之注射、知有匪前來、店伴疾鳴警笛召警、惟該地僻靜、未蒙援助、傳數秒鐘、則已被賊箝進、斯瞬備受驚恐、迨後賊搜刦完畢、店伴始將事報告、謝乃返下、檢查所失、計被刦去現欵一百三十五元、其他則賊年餘、統計損失約一百九十八元、五中之衣萬內、因當時祼夜、未能分辨、約在計五幅肚五藏之間、尙有西備示。

〈新界上水發生劫案〉,《香港工商日報》,1935 年 8 月 6 日,第三張第二版。

本港新聞

新界上水發生刦案
羅湖磚窰被四賊械刦
失贜約值百餘元

新界上水、近散月一以來、屢次發生刦案、不下六七宗之多、蓋此次之犬狂吠被注意防範、各地位因偏彎遍處、暫察常局已極注由帶來傳遞獎票形行刦也、平昨日晚點鐘、致各緊探無從捉摸破也、平昨日晚點鐘、突被十五分鐘、上水羅湖村之羅湖磚窰、突被賊侍四人、持械入內行刦、結果被刦去現欵一百三十五元、及衣物值六十三元五元、各匪俱手械、即過尖無蹤、在將其

▲報刦情形

據該窰主人赴上

▲店伴所述

▲賫探查究

〈新界上水羅湖磚廠昨晨被刦失贜將達二百元〉,《天光報》,1935 年 8 月 6 日,第三版。

道稱為「羅湖磚窰」，自 1930 年代便出現經營困難，當時更遭遇搶劫。

另一則於 1938 年的記載稱：「英屬僅有羅湖磚窰一所，煙突高廿餘丈，經營十餘年，今已停辦。直達廣州之公路，即經其側。南去盧水，一英里耳」；作者黃佩佳（1904-1943）更留下一首詩作：「華夷分陽到羅湖，野渡煙迴仄徑迂；但見磚窰凌漢立，滄桑奚忍認輿圖！」[7]

上述的「LO WU BRICKWORKS, LIMITED」於 1956 年 2 月 17 日解散公司，地圖上最後一次記載羅湖磚廠則是於 1957 年出版。[8]

（二）虎地坳製磚遺址臆測

採礦及製磚源由

開埠前，香港除以漁、鹽業為生外，亦以打石及採礦業最為興盛。其實，香港含豐富且多元天然資源，包括火成岩（花崗岩及火山岩）及沉積岩（礫岩及頁岩等）中多元礦物資源。香港採礦主要以外銷及基建為目的，早期的九龍及新界地區以有多處採礦活動，現時已確認的石礦場共十七處，包括九龍四山、平山及馬鞍山等著名石礦場。[9] 不過，部分小型礦場則從未設名稱或無從考究被逐漸遺忘及失傳，虎地坳採

礦遺址便為一例，本節作者黃家裕推測，該採礦遺址實為九廣鐵路公司興建沙頭角支線鐵路時開採使用，以建鐵路「道碴」及提煉磚塊所用。[10]

1905 年，九廣鐵路英段主線擬定後，港督彌敦爵士準備部署粉嶺至沙頭角及元朗的支線鐵路以配合當時元朗與沙頭角經濟頻繁的活動。自 1910 年 10 月 1 日，九廣鐵路英段主線通車後，英段鐵路總經理林賽與大埔理民官羅士（S.B.C Ross）促進一步興建新界東北的交通運輸。最後，1911 年由港督盧吉展開「沙頭角支線」修築工程並於 1912 年 4 月 1 日正式通車。支線主要由沙頭角往粉嶺車站，設有五個車站，包括粉嶺、洪嶺、禾坑、石涌凹及沙頭角。除了客運外，支線也兼辦貨運，主要運送磚及煤。由於當時興建支線的地段沒有道路，交通不便，部分材料由新加坡購入及所需石材於附近山地開採。[11]

虎地坳鄰近沙頭角支線的粉嶺至洪嶺鐵路路線，而且以山勢為主，適合進行開採礦場及提煉石材。因此，1911 年開始，九廣鐵路公司為開採鐵路路軌「道碴」所需石材及提煉鐵路搭建用的紅磚在虎地坳開採礦場。如圖 X 的「道碴」是承托軌道枕木的碎石，在鋪設路軌前，先在路基鋪上一層碎石，然後才鋪上枕木及路軌。道碴可以使排水及調校路軌位置更容易，亦可把列車及路軌重量分散在路基，減低列車經

過時所帶來的震動及噪音。[12]

　　據廖志協所言，礦場遺址的岩石為礫岩，礫岩是碎屑岩一種，由機械破碎礦物及岩石碎屑，經搬運及沉積等過程形成的新岩石。因此，可推斷虎地坳的採礦遺址與九廣鐵路公司的業務有關，部分石材則運用於提煉磚塊，即「KCR」紅磚。

磚廠遺址

　　據下圖所示，虎地坳亦保留採礦及加工處理之機器，該採礦器材推測為夾石機（又名碎石機）機頭柱的一部分，是常見的採礦機器，負責破碎所採掘之石材，使大塊石材變成小塊並破碎至其所需石料之粒度或其後加工之用。

　　此外，廖志協通過比對不同的地圖，提出今日位於上述「夾石機」附近的黎家寮屋內，便存有疑似磚廠地基遺址。

製作過程與運作

　　採礦可分為兩種，分別是地表採礦及地下採礦，虎地坳則為地表採礦一種，設有露天採石場並削去山頭開採。現時的虎地坳採礦遺址已變成一斜坡，由於雜草頻生，難以發現遺址採礦痕跡。

　　現時山坡的採礦遺址僅為開採一部分，在村中其他地方

虎地坳礦場遺址留下
的器材

黎家寮屋內疑似磚廠地
基遺址

可見採礦的痕跡，如古井、紅磚橋、現採礦遺址及器材位於不同位置。早期的開採過程以人工開鑿為主，其次運用火藥輔助。石匠先運用鐵鎚把一條稱為炮劃的鐵打入石中，然後倒入火藥把石爆開，接著把石頭搬移礦場，早期由揀石仔負責打死碎石，後期則運用砰石機鑿成石料。[13]

　　礦場所得的石料部分運用於鐵路的「道碴」上，部分則運送至煉磚房提煉用作工程時搭建道路（拱）及車站的紅磚。所以，現時村內的紅磚拱橋便是當時開採時搭建用的開採道路。不過，由於鐵路支線缺乏道路支援，當時運送材料需使用牛車協助。在開採礦場同時，由於工人需要長時間在工地工作，故礦場位置必設有井口（水井）以提供水資源於開採及勞工飲用。因此，推測村內所指的「七彩古井」便是礦場開採時挖掘的水井。

「KCR」紅磚

　　先前提及採礦遺址部分石材用於提煉磚塊。實際上，香港不少建築以紅磚建築並以「紅磚屋」為名，其特點在於由紅磚堆砌而成。香港較有名的紅磚屋包括錦田紅磚屋、油麻地抽水站宿舍及大潭水塘紅磚屋等。紅磚的作用主要體現於建築上，例如砌築柱、拱、煙囪、地面及基礎等，在混凝土廣泛使用前，磚魂是構成牆體的主要材料。大多老式建築用

現時的 KCR 紅磚

其作建築材料，特別在歐洲很多留存的古典主義建築的屋頂和牆面都有紅磚的影子，尤其是教堂。在中國古典建築中，採用磚拱的建築又稱為無梁殿。

　　紅磚又名粘土磚，由於以粘土，頁岩，煤矸石等為主要原料而獲其稱。透過多種原料經粉碎，混合捏煉後以人工或機械壓製而成。生產紅磚時一般用大火將磚裡外燒透，使窯和磚自然冷卻。此時，窯中空氣流通，氧氣充足，形成良好

的氧化氣氛，使磚中鐵元素被氧化成三氧化二鐵。由於三氧化二鐵是紅色的，所以磚塊也呈現紅色。普通紅磚有一定的強度及耐久性，又因其多孔而具有一定的保溫絕熱、隔音等優點。因此適用於作牆體及建築材料。

　　由於磚的抗壓強度遠大於抗拉、抗彎和抗剪強度，同時磚又是小塊材料，因此必須採用特定的砌法，而虎地坳的「KCR」紅磚拱橋便應用了拱的砌法。由於磚只抗壓，不產生彎矩及剪力，拱便很適合磚這種材料的物理特性。面對缺乏道路及山路眾多的不利因素下，紅磚拱橋便成為當時九廣鐵路公司於虎地坳興建鐵路時用作連接部分道路，亦供牛車等運輸工具來往礦場。

註釋

1　1912 Report on The New Territories, 1899-1912. Link: http://sunzi. lib.hku.hk/hkgro/view/s1912/2111.pdf.

2　Proposal Brick-work at Lu Wu, New Territories. Record identity: HKRS58-1-124-5. Original Reference Number: CSO 2460/1923. 29 March 1923 - 25 October 1923.

3　Land at Fu Ti Au, Northern District, N. T., Demarcation District 88 Lot No. 624 (extension to Lot No. 103). Application by Lo Wu Brick Company - For Brick Works purpose. Record identity: HKRS58-1-27-17. Original Reference Number: CSO 1645/1924. 31 December 1923.

4　28th February 1924. Reports of the Meetings of the Legislative Council, Session 1924, pp. 16. Link: https://sunzi.lib.hku.hk/hkgro/view/h1924/3070.pdf.

5　香港政府地政總署:《英國國家檔案館藏 1928 年香港地圖》,網址: https://hkmaps.hk/map.html?1928。閱讀日期:2023 年 1 月 1 日。

6　香港政府地政總署:《御茶水女子大學地理學系藏 1939 年香港地圖》, 網址:https://hkmaps.hk/map.html?1939。閱讀日期:2023 年 1 月 1 日。

7　黃佩佳:《香港本地風光——附新界百詠》,香港:商務印書館(香港) 有限公司,2017 年,頁 334。

8　香港政府地政總署:《澳洲國家圖書館藏 1939 年香港地圖》,網址: https://hkmaps.hk/map.html?1957。閱讀日期:2023 年 1 月 1 日。

9　朱晉德、陳式立著:《礦世鉅著——香港礦業史》(香港:地球知源有 限公司)2016 年,頁 2-13。

10　陳志華、李健信:《香港鐵路 100 年》,(香港:中華書局(香港)有 限公司),2012 年,頁 30。

11　同上,頁 31。

12〈香港鐵路工程中心：道床〉,《香港鐵路工程中心官方網站》,網址:https://hkrailway.org/chi/roadbed.html。閱讀日期:2017 年 7 月 15 日。

13 朱晉德、陳式立著:《礦世鉅著——香港礦業史》(香港:地球知源有限公司) 2016 年,頁 210。